特別支援教育サポートBOOKS

はじめての 特別支援教育 ガイド

マンガで がってん！

大西 潤喜 著

明治図書

●まえがき●

　2001年，文部科学省「特殊教育課」の「特別支援教育課」への変更は，従来の〈通常の教育〉と〈障害児教育〉の制度的枠組みを越えて，特別な教育ニーズをもつ子ども全てを支援の対象とする〈特別支援教育〉への行政の責務を反映したものですが，その変更から15年，特別支援教育が開始されて10年が経過したいま，さらなる進展を期待する声が高まっています。

　実際，〈障害者の権利に関する条約〉の批准にともない，障害の有無や軽重，さらには従来の障害種別の枠組みに囚われない特別支援教育の必要性は，インクルーシブ教育の理念への社会的支持からも明らかで，このニーズに応じたきめ細かな教育的支援は，現在どの学校現場でも重要になっています。

　このような動向を受けて，特別な支援を必要とする子への「気づき」における特別支援教育担当者の役割が再認識されており，特別支援教育コーディネーターをキーパーソンとした特別支援教育の推進が求められています。

　しかしながら，はじめて特別支援教育コーディネーターや特別支援学級を担当された先生，また通常の学級で発達障害かもしれない子どもを担任されている先生方が，その課題を整理し悩みや不安を解消するためには一定の基礎知識と経験の積み重ねが必要になります。

　そこで，本書では法令や発達障害をテーマとした基本的な内容をビジュアルにまとめることで，問題の解決策や支援の方法をわかりやすく説明しています。なお，各項目の事例については，先生方の日々の実践と照らし合わせて柔軟に解釈していただければ幸いです。また，特別支援教育の充実には欠かせない，通常の学級における障害の理解をねらいとした「道徳」の授業展開例の資料を数編加えています。本書が，これからの特別支援教育とそれを必要としている子どもたちを理解するための一助となればと願っています。

著者　大西潤喜

もくじ

まえがき　3

第1章　キーワードで語る「特別支援教育」入門

- マンガ　教員・支援員の確保／施設・設備の整備　10
- キーワード①　合理的配慮 …………………………………… 12
- Q&A　保護者から合理的配慮として突然に，……　ほか　15

- マンガ　関係機関における「縦の連携」／関係機関における「横の連携」　16
- キーワード②　個別支援計画 ………………………………… 18
- Q&A　学校で開催する支援会議に，……　ほか　22

- マンガ　学校における教職員の共通理解／交流の事前・事後学習　24
- キーワード③　交流教育 ……………………………………… 26
- Q&A　入学した保護者から，「特別支援学級と……　ほか　30

- マンガ　特別支援学級：異学年の学級編制／特別支援学級：障害種別の学級編制　32
- キーワード④　特別支援学級の学級編制 …………………… 34
- Q&A　保護者から，「弱視特別支援学級の……　ほか　37

コラム　「教育支援委員会の就学判断と学級編制」　39

| マンガ | 保護者の意見表明／就学先の変更　40

| キーワード⑤　就学相談 …………………………………………… 42

| Q&A | 特別支援学校に入学予定の子どもが，……　ほか　45

第2章　発達障害への「つまずき」理解とサポート

| マンガ | 常同行為／同一性保持／多動・多弁・衝動性／音過敏／
自傷行為／フラッシュバック　48

障害の特性 ………………………………………………………… 54

言葉のつまずき

| マンガ | 言葉の文脈を理解する能力／仲間ことばの理解　58
①言葉がうまく理解できない子どもたち　60

| マンガ | 知られたくない事実／嘘の世界　62
②思いや考えを，すぐ言葉にしてしまう子どもたち　64

| マンガ | 誤解の解消／話し方の切り換え方　66
③うまく言葉で表現できない子どもたち　68

| マンガ | こそあど言葉の理解／話題の選択／省略された表現／
曖昧な表現／他人の期待の感知／ことわざの理解／
四字熟語の使い方　69
④言葉の正しい使い方がわからない子どもたち　76

行動・感情のつまずき

| マンガ | 対人との距離感／歩調を合わせる　80

　　　　①うまく人に合わせられない子どもたち　82
マンガ　相互的行動／感情調和　84
　　　　②人の気持ちが理解できない子どもたち　86

　　コラム　「心の理論」と社会適応　87

マンガ　場の状況理解／身辺の状況理解　88
　　　　③うまく状況把握ができない子どもたち　90
マンガ　空間の構造化／時間・ルールの構造化　92
　　　　④うまく見通しが立てられない子どもたち　94

集団生活のつまずき

マンガ　ルールの理解／協力行動／自分の売り込み能力／上手な依頼　96
　　　　①集団生活に適応しにくい子どもたち　100
マンガ　着替え／トイレ／清潔／感謝の言葉　102
　　　　②集団生活のスキルが苦手な子どもたち　106

イラストを使った指導・サポート

①イラスト資料による学習方法　109
②統語面の指導　110
③語用面の指導（やりとり文脈の理解）　112
④言語的な推論学習　114
⑤自他の感情や登場人物の性格を推測する学習　116

第3章　周りの子と一緒に進める特別支援教育

全校体制で理解と支援を進めるアプローチ ……………………… 120
①交流教育でわかり合うことの素晴らしさを学ぶ　120
②総合的な学習の時間に主体的な活動を行う　121
③道徳の授業で学び，そして実践する力をはぐくむ　122
　まあちゃんのこと　124／てんちゃんのこと　128
　きよ君のこと　132／弟のこと　136／姉のこと　140

通常の学級「6.5%」の支援 ……………………………………… 146
①通常の学級での支援内容と支援方法について　146
②ADHD・ASDの子どもの支援について　147

身体に障害のある子の理解と支援 ……………………………… 148
①肢体不自由がある子どもについて　148
②聴覚に障害がある子どもについて　148
③染色体に異常がある子どもについて　149
④身体面に障害がある子どもの理解と支援について　149

あとがき　150
参考文献　151

【イラスト・場面絵をダウンロードできます】
第2章，第3章で紹介しているイラスト・場面絵を下記からダウンロードして，授業でお使いいただくことができます。
URL：http://www.meijitosho.co.jp/249918#supportinfo
ユーザー名：249918　　　　　　　パスワード：4gh69t

第1章
キーワードで語る「特別支援教育」入門

　特別支援教育は，〈障害者の権利に関する条約〉の批准と〈障害者差別解消法〉の施行によって幾つかの新たな「キーワード」が生まれました。

　障害児者の権利を重視する法令の一部改正にともない，「就学システム」ではインクルーシブ教育（障害のある子どもと障害のない子どもがともに地域で学ぶ環境づくり）がより推進され，それに合わせて「早期からの教育相談」の重要性や関係機関が連携する「個別支援計画」の作成，さらには「合理的配慮」による支援方法の充実と改善が図られるようになりました。

　このように教育施策は全て法律等に基づいて実施されていますから，今後の変化について，教員は特別支援教育の根拠となる法令やキーワードを理解し，その支援の方向性を見誤らないように日々の研鑽が求められています。

　第一章は，はじめて特別支援教育を担当する先生方に，特別支援教育の法令や関連する事柄を理解していただくためのものです。また，推進者として校内研修を実施したり，保護者との対応を考えたりする時の参考資料としても活用していただければと思っています。

　5つの「キーワード」は，どれも大きなテーマであり，数枚の紙面に収まるものではありませんが，現在の特別支援教育の方向性を理解するための内容を要点化し，最後に担任の「Q&A」として教育現場の課題と望ましい対応策をまとめています。

マンガ 教員・支援員の確保

　合理的配慮では，職員の複数配置による教育効果が期待されていますが，日々の連携と障害特性に対応した教育機器の有効活用も大切になります。
　下のように聴覚障害を補うために視覚支援を取り入れることは，子どもの理解を促すとともに主体的で意欲的な学習とするために必要な配慮です。

マンガ　施設・設備の整備

　肢体不自由の子どもが，校内を安全に移動するためには段差のないスロープを設置します。また，ASDの子どもが時間を理解するための工夫や不必要な刺激を軽減し，安心して生活するための教育環境を整備します。これらは，障害や認知特性の偏りを考慮し二次障害を防ぐために必要な配慮です。

キーワード① 合理的配慮

「合理的配慮」の定義は，障害者の権利に関する条約（第2条）において，障害者の求めに応じて負担になりすぎない範囲で社会的な障壁を取り除くために必要な便宜とされています。同条約の教育（第24条）では，インクルーシブ教育を実現するために確保するものの一つとして位置づけられています。また，2016年4月からの〈障害者差別解消法〉施行に伴い，公的機関には障害児者に必要となる合理的配慮が義務づけられました。

そのため，学校で障害のある子どもに対する「合理的配慮」には，「①施設・設備の整備，②教員・支援員等の確保，③個別の教育支援計画や個別指導計画に対応した柔軟な教育課程の編成や教材等の配慮」が考えられます。

1　施設・設備の整備

施設・設備の整備では，バリアフリー・ユニバーサルデザインの観点がとても重要になります。例えば肢体不自由の子どもの生活には，スロープや昇降機の設置が学校生活に欠かせない施設の整備になります。また，発達障害の子どもへの望ましい対応では，認知面の理解を促すための視覚的支援や，刺激を少なくした教室環境づくりが大切です。また，個別にクールダウンするための安全基地も必要になります。

これら小・中学校の合理的配慮のための施設・設備の整備に要する経費負担は，国が3分の1又は2分の1，市町村が2分の1又は3分の2となっています。公立の小・中学校を設置管理している市町村が合理的配慮を目的とした整備には，国の地方財政措置である維持修繕費の活用が前提となる場合が多くなります。また，公立の小・中学校は市町村に設置管理義務がありま

すから，その施設・設備の整備については，主に市町村議会の承認を経て予算措置が行われることになります。しかし，耐震化工事や長期的な施設改修の場合と違って，合理的配慮のための整備費は個別の事案となるため，議会に上程するには確かな根拠が必要となりますし，定例議会が年間4回と限られているため，早期からの具体的な支援内容と計画性が必要となります。市町村教育支援委員会との連携を図りながら，個々のニーズや地域の状況，体制や財政面を考慮した公平かつ適切な整備が必要となります。

2　教員，支援員等の確保

　合理的配慮において専門性を有する教員や支援員等の確保はとても重要な課題です。多くの学校では，すでに生活介助や学習支援の支援員が配置され成果をあげています。例えば聴覚障害の子どもの支援では，ノートテイクを行う支援員によって学習内容の理解が促されています。また，FM補聴器やデジタル教材・ICT機器の利用は，残存聴力の活用や視覚支援による教科指導として，とても有効な支援と言えます。
　しかし，これらの実現には国県市町村の予算措置や承認が必要になりますから，実態に即して支援策が実現できるよう計画したいものです。
　配置される教員の給与負担は，国が3分の1，都道府県が3分の2とし，教職員の定数も法令で決められています。合理的配慮として人的支援の必要性が生じた場合，教員の配置は都道府県教育委員会（政令指定都市を含む）に人事権があり，前年度からの計画的な折衝が必要となります。特別支援学級の新設や複数学級の設置については，市町村教育支援委員会の就学判断に基づき，市町村教育委員会と校長が，都道府県教育委員会に合理的配慮のための指導体制の充実を具申することになります。
　また，支援員の確保については，平成19年度から地方財政措置により全国の小・中学校に，支援員（介助員・学習支援員）の配置が進められてきました。しかし，その経費は市町村への地方交付税であり，各地域の実情で運用が異

なるため配置率の差が大きく，採用や運用基準も様々です。支援員は，市町村役所の職員になるため，採用は市町村の教育委員会や人事課が公募しており，身分は臨時職員や嘱託職員だけでなく時間パート職員も多くなっているのが現状です。

　これら職員の専門性については，教員の場合は，国や都道府県が行政の責務として実施していますが，支援員については市町村の自主的な研修に限られています。また，支援員の勤務は子どもの支援に直接携わるという責任の重さに比べて，身分や処遇が不安定であるため，勤続年数は全国的に短く専門性の積み重ねが今後の課題になっています。

　また，支援員の基本的な職務はあくまで学級担任の補助であり，介助や学習支援も担任との連携のもとに行われますので，勤務時間の制約や校務分掌の工夫によって，お互いが十分に連携できる体制を市町村教育委員会や校長が率先して保障していくべきです。

3　柔軟な教育課程の編成や教材等の配慮

　個別の教育支援計画等から期待される合理的配慮には，教育課程編成上の工夫や教科書，教材・教具の採択，障害の特性に応じた個別の支援や指導があります。中でも教育課程の編成は，学習指導要領に基づきながら，全校体制で時間割や支援体制を整えていかなければなりません。しかし，個別の教育課程を集団生活や一斉指導の場面に反映させることは容易ではありません。そのためには，他の教育活動との均衡を失わないように慎重な対応が必要となりますし，地域，家庭，全校の理解を得るためには，教育課程の管理者である校長の説明責任が求められます。

　近年，進歩が著しいICT機器や介助器具等の利用については，子どもの発達や特性に合ったものを選択し，機器や器具の利用が逆効果になったり，二次障害になったりしないよう配慮すべきです。そのための，指導者の技能訓練や医療機関との連携は欠かせません。

Q&A 合理的配慮

Q 保護者から合理的配慮として突然に,「プール指導の間は支援員を配置して欲しい」との要望がありましたが,どうしたらよいですか?

A 平成26年に,国が障害者の権利に関する条約を批准したことで,保護者から合理的配慮に関する要望が出されるようになりました。しかしながら,個人に必要とされる合理的配慮の提供は,条約では「均衡を失した又は過度の負担を課さないもの」と示されています。もし,当該児童に支援員の配置が必要であれば,前年度から計画的に「基礎的環境整備」としての検討が必要であったはずですから,急に水泳指導期間だけ支援員を配置するのは無理です。しかし,財政面や人員確保の困難さや事務手続きの遅れを理由に安易に否定をするのではなく,その実施について保護者や校内の教職員の協力が得られるよう努力すべきです。保護者の合理的配慮への思いや願いを一方的に否定するのではなく,柔軟な対応の中で学校と保護者が合意形成を図りながら,障害のある子どもと他の子どもがともに安全に活動できる環境をつくりたいものです。その合意形成のためには,個別支援計画の活用や前年度からの市町村教育委員会との連携が欠かせません。

Q 保護者から,合理的配慮として担任している子どもに「リハビリを行って欲しい」との要望がありましたが,どうしたらよいですか?

A 合理的配慮として「理学療法士,作業療法士,言語聴覚士」の指導・助言を取り入れることの有効性が示され,すでに特別支援学校では実施されています。しかし,リハビリテーションは専門的な知識や技能を必要とし,担任が安易に行うべきものではありません。小・中学校では,特別支援学校のセンター的機能を活用し,肢体不自由特別支援学校の講師を招いた研修や子どもの主治医や療法士さんとの連携から始めましょう。

マンガ　関係機関における「縦の連携」

　個別支援計画には，関係機関を越えて引継を行う「縦の支援」があります。これは，保護者の同意に基づきながら，小学校の個別支援計画を中学校に申し送りしているところです。また，中学校では支援会議の開催を計画し，新たな教育課程の中での支援を準備していきます。

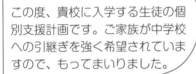

マンガ　関係機関における「横の連携」

　支援会議で年間の目標を立て支援内容を決めているところです。保護者の願いや本人の希望を大切にするとともに，学校や家庭の役割や責務を確認していきます。また，校長等の管理職が参加することにより，支援に携わる関係者の共通理解が一層深まり，全校体制での安定した支援に結びつきます。

ただいまから、個別支援計画の今年度の目標を立てるための支援会議を始めます。

お母さんが、今年度目標にしたいことをお教え下さいますか。ご家庭のお考えをふまえて学校も担任を中心に考えた目標をお話しします。

わたしたち家族の願いは、トムが大好きなイラストを描いたり、友だちとサッカーをしたりして、楽しい学校生活を送ってほしいと思っています。

校長のわたしや担任はもちろんですが、支援会議に参加しております学年主任、養護教諭……などが、今日、話し合った内容に沿って支援をしていきますので、よろしくお願いします。

キーワード② 個別支援計画

「個別の教育支援計画」は，主に小・中学校や高校，特別支援学校などの教育機関が中心となって在学期間に限って策定しますが，「個別支援計画」は，乳幼児期から学校卒業後の就労や地域生活までの長期的な視点に立って作成します。どちらも，医療，保健，福祉，教育，労働等の関係機関が連携して，障害のある子ども一人一人のニーズに対応した支援を効果的に実現するために作成するためのものです。

個別支援計画を作成する「意義」として考えられることは，障害のある子どものニーズ，支援の目標や内容の決定，支援を行う者の役割分担や支援機関の縦と横の連携，支援内容の反省や評価があります。

1　個別支援計画の意義

個別支援計画は，本人の障害・治療・生育歴やニーズなどの重要な個人情報に基づき，「支援会議（個別支援計画作成の会議）」で，本人・保護者と関係者が支援目標や方法を協議の上決定し計画書を作成します。その支援内容には，無償の義務教育や有償の福祉サービスなど実施できる支援や事業はケースバイケースです。いずれの場合も，個別支援計画は作成自体が目的ではなく，実践することによって本人の生活クォリティや学習の権利が保障されることに大切な意義があります。ですから，作成に関わる支援者は，個人情報保護管理のもと，計画についての責任を担っているとの自覚をもち，日々の指導や支援を充実させなくてはいけません。

2　個別支援計画と関連する計画

　まず，個別支援計画とは何かを説明したいと思いますが，そのためには関連する用語についても補足します。

◇「個別支援計画」……障害者総合支援法に基づく法定事業として，指定相談支援事業所の相談支援専門員が利用者のニーズを把握しケア計画として作成するものが一般的です。
　それとは別に市町村やNPO等が単独事業として本人と保護者の同意に基づき，地域での一貫した支援体制を構築するために作成するものがあります。
　実施の法的根拠やサービス内容は異なりますが，どちらも乳幼児期から学校卒業後の地域生活や就労までの長期的な視点に立って，関係機関が本人・保護者と連携しながら，支援目標の決定，支援者の役割分担，福祉サービスの利用等について計画・実践・評価を行うための計画書です。

◇「個別の教育支援計画」……学校が「個別支援計画」を作成する場合の呼称で，「個別の教育支援計画」は「個別支援計画」に含まれています。幼稚園や学校が中心となって，在籍期間中に他の関係機関と連携を図るための計画で，特別支援学校では，保護者（本人）も参画した作成が義務づけられています。現在，小・中学校でも特別支援教育コーディネーターを中心に作成が進められています。

◇「個別の指導計画」……学校（主に担任）が中心に，学期や単元ごとに子どもの指導目標や内容・方法を学習指導要領や教育課程，教科指導との関連の中で作成するものです。学校の内部資料としての色合いが濃く，保護者が参加して作成することの少ない計画書です。子どもに関わる教職員の指導資料として活用されます。

3　関係機関における「縦の連携」

　いずれの計画も，その目的は子どもとその家族のニーズをふまえた適切な支援にあります。そして，そのために欠かせないのが関係機関の「縦と横の連携」です。縦の連携では，小学校から中学校に在籍が移るような時に，関係機関が「個別支援計画（以降，個別の教育支援計画を含む）」を手渡しで引き継ぐことにより，連続した支援の重要性を確認することができます。

　個別支援計画とは，長期的に関係機関が連携するためのツールですから，子どもの成長とともに関わる機関も異なってきます。障害や疾病の内容や程度によって作成開始の時期は様々ですが，乳児期であれば医療・保健機関が中心になります。この時期は子どもへの直接のアプローチと同時に家族への支援も重要になります。障害の受容や治療の心理的ケア，関係機関の紹介など繊細な支援が求められます。

　また，幼児期から学齢期では福祉・教育機関が中心になります。就学の選択や環境変化についての的確な情報提供や就学後の指導方法についての具体的な提案が重要になります。

　学齢期以降の地域生活や就労に関しては，労働・福祉・医療による連携が不可欠です。ただ，関係機関が多くなると所属や所管が不明確になりますから，中心となる支援機関がどこで，支援者は誰なのかを決めておく必要があります。本人や家族が孤立しがちになる時期なので，関係機関の積極的な関わりが求められます。

4　関係機関における「横の連携」

　また，横の連携では個別支援計画の目標や評価を行う「支援会議」に在籍する学校の管理職や各主任・担当者だけでなく，必要に応じ小学校の前担任や地域関係者等が参加することにより，学校と家庭・地域の密接な連携が図

れるようになります。

　しかし，個別支援計画の作成に関わる機関（支援者）の数や範囲は，柔軟に考えるべきです。例えば，学校で「支援会議」を開催する場合は，保護者（場合により本人）と担任・特別支援教育コーディネーターが中心なり，その都度必要な支援者が加わります。支援の目標や内容・課題の範囲が広ければ，学年主任や管理職等の校内関係者も加わり，多面的な協議を行うことになります。また，所属機関の移行時には，前機関の担任など多方面からの参加があれば，支援のポイントが一層明確になり，適切な引継が行えます。

　支援のための連携は，決して容易ではありません。各機関とも多忙な中での横の連携となりますから，時間調整や資料の作成など主たる機関の負担は重くなります。しかし，個別支援計画作成の目的は，文書の作成ではなく関係者が額と額をつきあわせて肌と肌で感じるぬくもりの中から生まれる支援にあることを忘れたくないものです。

5　「支援会議」の重要性

　本人・保護者を中心に関係者が一堂に会して開催する「支援会議」を事務的に行った学校と，用意周到に準備し全校体制で取り組んだ学校では，1年間の支援内容とその後の成果が大きく異なってきます。

　言い換えるならば，校務分掌として支援会議の運用を担う担当者（多くは「特別支援教育コーディネーター」の係）と担任の資質や意欲が，その学校の個別支援計画の成否を決定するとも言えます。

　支援会議を準備・開催する担当者には，全校の教職員や関係者を巻き込む行動力や，保護者と真摯に向き合える誠実さが求められます。また，日頃から職員や保護者との密接なコミュニケーションを保ちながら，校内外の連絡調整を行う能力も必要になります。支援会議の内容が，子どもの支援とその将来を大きく左右することになりますから，関係者は支援会議の重要性を認識するとともに，その意義を広く周知しておきたいものです。

Q&A 個別支援計画

Q 学校で開催する支援会議に，校外の先生に参加してもらいたい時は，どうすればよいですか？

A 個別支援計画を作成する「支援会議」に校内の関係者以外の方をお招きし，ご意見をいただくことは支援を充実させる上でも大切です。しかしながら，他校の支援会議への参加は本務以外の活動になりますから，事前に校内の管理職と相談をして正式な招聘（依頼文）が必要になります。また，勤務時間と重なる場合には，両方の管理者が職務の一環として認めた正式な会議と位置づけて開催すべきでしょう。

Q 個別支援計画に「福祉サービス」について記入している場合がよくあります。学校教育とは直接関係ないと思うのですが，記入すべきでしょうか？

A 障害のある子どもの支援には，学校以外の地域全体での支援が欠かせなくなっています。「障害福祉サービス」とは，主に障害者総合支援法と児童福祉法に基づき実施される国の支援事業です。近年では，教育と福祉が相まって支援することの重要性が国から各主管課へ通知されており，学校教育にも深く関係しています。中でも，「放課後等デイサービス（障害のある学齢児の放課後に療育や居場所をつくる障害児の学童クラブ）」や「保育所等訪問支援事業（保育所・幼稚園や小学校に指導員が訪問し，専門的な支援を行うもの）」は，障害のある子どもにとって教育と福祉の相乗的な効果が得られる新しい福祉サービスになっています。今後は，福祉サービスの利用時に作成する「障害児支援利用計画」と「個別支援計画（個別の教育支援計画）」の連携が欠かせなくなっていますから，学校関係者も制度を正しく理解し，個別支援計画にも記載しておくべきでしょう。

Q 4月から担任するクラスに，小学校に入学前から個別支援計画を作成している子どもがいます。小学校では必要ないと思うのですが，どうしたらよいですか？

A 個別支援計画は，とても重要な個人情報を取り扱いますので，作成や終了は，あくまで保護者の同意に基づき行われています。ですから，保護者が個別支援計画の作成や継続を希望した場合は，原則として保護者の意向が尊重されるべきものです。しかしながら，子どもの障害や発達課題の中には，小学校の集団生活において徐々に改善したり，わかりにくくなったりする場合もあります。担任が子どもと接する中で，作成の引継や中止について判断したい場合には，担任・学校や保護者の一方的な思いこみによって現状を見誤ってしまわないよう，複数の関係者による支援会議を開催し，長期的な見通しと冷静な判断のもとに終了についての是非を決定するのがよいでしょう。

Q 支援会議開催の多くが放課後の時間帯に重なり，校内の行事や関係者の参加を調整するのに困っています。どうしたらよいですか？

A 支援会議は，まず保護者の参加可能な時間を優先します。仕事や家庭の諸事情に配慮し，遅くとも1ヶ月前には決定します。校内の行事との調整については，年間計画に放課後の支援会議が位置づけられるよう管理職の指導のもと教務主任と協議し4月当初の職員会に提案します。また，参加者の調整については，偶発的な都合で参加できない場合もありますから，週・日予定表にも記載し臨機応変に変更できるようにしておきます。放課後は他の教育活動とも重なりますが，保護者が参加する支援会議の重要性を全職員に理解してもらい，重要な学校行事としての位置づけが必要になるでしょう。

マンガ　学校における教職員の共通理解

　通常の学級担任と特別支援学級担任が，交流している子どもの情報交換をしています。実は，休憩時間や放課後のちょっとした合間に子どもの様子を話し合う中に，交流で子どもの特性を理解したり，主体的に活動できるヒントがあったりします。成長をともに喜べる教職員組織でありたいものです。

①　田中先生……ちょっといいですが？　今日、トム君は図工の時みんなと一緒に初めて粘土制作に参加できましたよ。

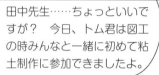

②　まぁすごいわぁ！石川先生のおかげです。トム君は、粘土が苦手だったのによかったわ。

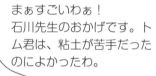

③　田中先生にこの前トム君は油粘土のにおいが嫌いだと聞いていたので、においの少ない紙粘土にしたんです。

④　ありがとうございます。それで、トム君も参加できたんですね。交流学級の石川先生やクラスのみんなが気にかけてくれるので、トム君も喜んで行っています。

マンガ　交流の事前・事後学習

　交流の授業開始前には，通常の学級から交代で子どもたちが迎えに来ます。年間計画に基づく事前学習において，子どもたちが役割分担をしているからです。学級全体で交流するだけでは，お互いの個性や良さはわかりにくいものです。少人数やペアでの交流についても計画的に設定しましょう。

キーワード③ 交流教育

　文部科学省は，特別支援教育における「交流及び共同学習の展開」について，その達成のためには，「①関係者の共通理解，②組織づくり，③指導計画の作成，④事前・事後学習」が不可欠であるとしています。
　しかし，学校には他にも多くの様々な教育活動があり，近年特別支援教育の重要性が認識される中にあっても，学校間の取組には依然格差が見られます。中でも交流教育は，通常の学級と特別支援学級（以降，特別支援学校を含む）の子どもの発達や教育目標に応じて行うものであり，常に柔軟で実態に即した計画や運営にしなければ，意味のない形骸化したものになりかねません。

1　学校における教職員の共通理解

　障害のある子どもと障害のない子どもの交流については，学習指導要領でともに活動する機会を積極的に設けるよう示されています。
　特別支援学校はもとより，小・中学校での通常の学級と特別支援学級の交流教育についても，文部科学省の告示（平成20年3月）以前からも行われていましたが，その意義が法律の基準として定められ，制度化されたことにより学校でも広く浸透してきました。
　しかし，実施の頻度が高く多種多様なニーズのある小・中学校内での交流教育については，多くの課題が生じています。
　近年，小・中学校の交流教育における課題で，とりわけ深刻になっているのは，教職員の共通理解が不足していることです。周知の通り，通常の学級は35人から40人の子どもが在籍し，特別支援学級は1人から8人の子どもが

在籍しています。この人数差は，子ども一人にかかる指導密度や障害に対応する困難さの表れであり，手厚い教育を保障するために必要な措置です。ところが近年，通常の学級の中にも発達障害や不登校，虐待，家庭環境の問題による個別の支援を必要としている子どもが多くなりました。そのため通常の学級担任の指導・事務量は，単純に計算しても特別支援学級担任の約5倍以上になっており，学級経営，教科指導，生徒指導，校務分掌，部活指導，家庭との連携等で，時間的・精神的なゆとりが失われつつあります。

そのような状況の中で，交流教育を本来の目的にそって位置づけて実施するためには，担任間の信頼関係なくしては無理です。現在の厳しい学校現場において交流教育を実践するためには，学級や子どもの正確な実態把握と担任相互のフォローが不可欠です。

交流教育は，障害のある子どもと障害のない子どもがお互いを理解するための教育であるわけですから，その指導者である教員がお互いの立場を理解し協力し合う体制をつくることこそ交流教育の基本になるのは言うまでもないことです。そこで，相互理解では，通常の学級と特別支援学級（学校）の担任が交流の必要性や意義，教育的効果を理解し，本人や保護者の意向も十分に確認しなければなりません。また，4月当初の職員会では校長が特別支援教育の学校経営方針を決めるとともに，交流教育の推進について全校体制で取り組むことで教職員間の信頼関係を築くように努めるべきです。

交流の組織運営では，参加側と受け入れ側という関係ではなく，お互いの個性や障害を理解し合えるよう日々の情報交換が大切です。

2　学校の組織づくり

交流教育は，その意義や必要性を確認したり，学級相互の教育目標を照らし合わせたりすることで，子どもたちに何を教え育てたいのかが明確になってきます。しかし，小学校の6年間は著しい発達の変化が起こる期間ですから，学級だけでなく全校や各学年レベルでの組織づくりや指導計画の作成が

必要になります。

　例えば、日常生活や教科学習の交流では、お互いの個性や違いを知り障害のある子どもとの出会いから子ども同士が所属意識をもてるよう計画したいものです。そのためには、指導者が障害のある子どもの個性や特性を正確につかみ、関係者と事前の打ち合わせを行うべきでしょう。

3　指導計画の作成

　多忙な学校では、指導計画の作成のためのわずかな時間調整も難しくなりますので、年度当初から年間行事計画に「交流担当者会（仮称）」という組織を位置づけておくのがよいでしょう。交流教育の会が学校の年間・月行事予定表にあることで、教職員の意識や共通理解もより深まってきます。また、担当者会は担任や主任だけでなく、交流内容に応じて管理職や養護教諭など複数の関係職員にも参加してもらい、「指導計画」を作成し具体的な実施計画を立てていきます。このような組織運営が軌道に乗ってくると、担任レベルでの情報交換が日常的に行えるようになり、交流教育の目標を達成するための連携がより確かなものになります。

4　交流の事前・事後学習

　交流の具体的な指導と計画が決まった後は、それぞれの子どもが主体的に交流するための手だてとして「事前・事後学習」が必要になります。まず、事前学習では、具体的にいつ誰がどのように交流の迎えに行くのかなど細部についても子どもたちが考えることで、ともに学び合う交流の環境がつくられていきます。事後学習では、作文や感想を書いたり、担任が学級便り等を出したりして活動を振り返ることで、子どもたちの活動が地域や家庭に広がっていきます。

5　保護者のニーズ

　障害のある子どもを育てている保護者にとって，同学年の子どもとの交流教育は，我が子の発達を確認したり将来の不安を軽減したりする上で大切な意味があり，交流教育へのニーズは年々高くなっています。特に低学年での交流教育のスタートは，子どもたちがプラスの出会いとなるためにも重要な意味をもっています。

　しかし，学校や担任は，子どもの状態をしっかりと見極めておくことが必要になります。学級の実態や子どもの育ちは日々変化していきますから，保護者のニーズを踏まえて作成した計画であっても，交流によって不測の二次障害が生じることもあります。指導計画は，適宜関係者で協議し見直して，納得できる内容に修正していく柔軟性と勇気をもっておきたいものです。

6　教育課程・時間割との調整

　特別支援学級は，4月当初に交流する通常の学級と連携し，交流する子どもと保護者のニーズをふまえながら新たな教育課程を作成します。

　しかし，そのためには新学年が始まるまでに前年度の交流教育の実践とその評価が必要になります。そこで保護者を交えて交流について協議をする会（個別支援計画の支援会議等を含む）を2月に開催し，1年間の反省と次年度の交流及び共同学習のニーズや希望を把握しておく必要があります。

　また，どの時間にどこで何をねらいとした学習をするのかといった具体的な教育内容については，個別指導計画等との関連を図ることにより，新年度の教育課程や全校の時間割の編成もスムーズに進めることができます。

　交流や共同学習は，あくまで個々の発達課題と交流レベルをふまえ負担がなく指導効果の望めるものにしなければ意味がありません。そのためには，活動に無理が生じない教育課程や時間割になるよう計画的な検討が必要です。

Q&A 交流教育

> Q 入学した保護者から，「特別支援学級と通常の学級との交流を早くして欲しい」との要望がありますが，どうしたらよいですか？

A 小学校1年生は，義務教育スタートの大切な時期で，この集団生活に適応できるか否かは，その後の発達課題の獲得にも影響を及ぼします。特に，1年生の1学期というのは，各教科や特別活動などの基礎・基本を身につけ，仲間づくりが中心になります。具体的には，登下校の安全，学校生活のきまり，各教科の指導，給食・清掃指導，特別活動など，学校教育の大切な基盤づくりが行われます。また，同時期は家庭訪問や運動会，遠足行事などが重なる場合も多く，子ども個々の問題（登校しぶり等）も発生しやすくなります。

交流教育はどちらの学級にとっても意義のある大切な活動なのですが，まず通常の学級が安定し，教員も子どももゆとりをもって交流できるタイミングが必要となります。交流教育を急ぐあまり，特別支援学級から参加する子どもの居場所がなかったり，ダンピング（通常の学級にまる投げ状態）になったりすることは絶対に避けなければなりません。しかしながら，保護者の不安解消も必要ですから，学校は保護者に交流の意義や見通しを誠実に伝えるとともに，保護者が参加した年間計画や個別支援計画を作成し，理解を得た上で交流の開始時期を決定しましょう。

> Q 担当している子どもが交流している6年生（通常の学級）の担任が，あまり協力的ではありません。どうしたらよいですか？

A 6年生の担任は，自分の学級だけでなく多くの校務分掌を担当しており，全校行事（運動会）や特別活動（児童会，委員会）などの企画運営で多忙になりがちです。しかしながら，交流教育も重要な教育活動ですか

ら，疎かになってはいけません。

　そこで，大切なことは，教員がお互いの立場や役割を越えて，認め合い助け合う協力体制をつくることです。まず，特別支援学級担任が，6年生や全校の活動にも積極的に関わり，共働体制の中でお互いの信頼関係が深まると，交流教育にも主体的な取組が生まれてくることでしょう。特別支援教育と通常の学級の担任が，うまく連携することが交流教育の成果に結びつき，子どもの成長にもつながります。特別支援学級と通常の学級との間の溝に子どもたちは敏感です。交流教育の成否は職員間の信頼関係にあると言ってもよいでしょう。

> **Q** 特別支援学級の担任が，交流時間を優先した通常の学級の時間割を立てて欲しいと言っていますが，どうしたらよいですか？

A 全校の時間割は，教務主任が中心となって校長の監督のもと全教職員の総意により立案する事務になっています。また，交流教育の推進も校長の学校経営方針や全教職員の賛同が不可欠です。ですから，通常の学級と特別支援学級の時間割の調整については，教務主任を通して，その要望を企画会や職員会に提案して，校内の同意が得られた時間割にしなければなりません。

　その上で，全校の時間割を特別支援学級の事情を考慮しながら決定することができれば理想的です。時間割作成では多くの条件を考慮しますから，様々な教育活動の影響を受けます。それぞれの教育に優先順位があるわけではありませんが，障害の理解や合理的配慮の必要性について考えると，おのずと優先される教育活動が見えてくるのではないでしょうか。

　そのためには，校長の指導や職員会議を通じて，全職員が特別支援教育や交流の意義について理解を深めるための研修が大切になります。

マンガ　特別支援学級：異学年の学級編制

　特別支援学級では，6年生と2年生が机を並べて学習することがあります。異学年で構成される場合，プラス面とマイナス面があることから，担任は常に6年生の自尊心を大切にした声かけが必要です。6年生がよいモデルになり，お互いが成長できるような教育課程や時間割を考えていきましょう。

マンガ 特別支援学級：障害種別の学級編制

　多弁で声の大きさを調整することが苦手な子と音過敏の子が同じ環境で一日を過ごし，一方が我慢することになると二次障害が生じます。障害特性が相反する子どもが在籍した場合は，お互いが環境に順応できるための手だてを考えたり，教育課程の編成（交流や時間割）を工夫したりしましょう。

キーワード④ 特別支援学級の学級編制

　学級編制に関する法律では，小・中学校の児童生徒数については通常の学級40人（小学校第１学年35人），特別支援学級８人を標準定数としています。また，各都道府県では，その実態に応じて特別支援学級や小学校の低中学年への加配教員を充実させており，近年同一校に複数の特別支援学級が設置されるようになっています。

　特別支援学級は，８人までが１学級設置の基準となっているため，９名以上では２学級（原則５人と４人ずつ）の設置となります。

　学校では，在籍や学級数が変化する中で障害や発達を考慮しつつ学級編制をしていますが，在籍が少人数ならではの課題や配慮事項もあります。

　そのひとつは，特別支援学級が異学年で構成されやすいということです。例えば，「１年生と６年生が在籍」して机を並べて学ぶことがあります。相互に成長できる場面もありますが，６年生が１年生とともに学習することのデメリットも忘れてはいけません。思春期の自我が芽生えたプライドを傷つけないような配慮が求められます。

　また，障害への対応では「多動・多弁と音過敏」のように相反する特性のある子どもが，一日限られた環境で生活することによる二次障害への配慮も必要です。一方だけが我慢させられるのではなく，様々な支援策や指導方法を取り入れながら，各々の特性を認めつつ無理なく生活の適応力が身につくよう見守っていきたいものです。

1　少人数の学級編制

　学級編制の１学級あたりの平均人数は，特別支援学校「標準６人のところ

在籍の平均は3人」，特別支援学級「標準8人のところ在籍の平均は3人」，通常の学級「標準40人（小1は35人）のところ在籍の平均は小学校28人／中学校33人」となっています。

　このように小・中学校の在籍人数を比較すると，特別支援学級の在籍人数は通常の学級の10分の1となります。学級には教員が1人配置されますから，単純計算では子ども1人あたりの人件費でみると，特別支援学級は通常の学級の10倍の予算をかけていることになります。つまり，特別支援学級の子どもたちの教育は，その重要性から手厚い教育環境になっていることがわかります。また，施設・設備費や支援員の人権費など付帯する予算も充実しています。

　このように，特別支援学級の少人数指導については国・都道府県・市町村の連携の下でソフト面とハード面が保障されていますから，充実した学級編制と言えるでしょう。

2　障害種別の学級編制

　特別支援学級は，子どもの障害特性に応じた学級編制を行いますが，これは教育課程編成上の配慮であり，同じ学級での教育効果をねらったものです。ですから，発達障害の子どもの多くは，自閉症・情緒障害特別支援学級に籍を置いています。「自閉症・情緒障害特別支援学級」は，発達障害である自閉症と心因性の選択制緘黙などの子どもたちの学級になります。

　ただ，「自閉症・情緒障害特別支援学級」は，平成21年（第1167号通知）までは，名称を「情緒障害特別支援学級」としていましたが，自閉症の適切な支援をより明確にするために学級の名称に「自閉症」という文言が新たに追記されました。

　小・中学校の自閉症・情緒障害特別支援学級の実態は，その多くが自閉症の子どもたちの在籍になっています。しかし，自閉症の障害特性や発達課題は一人一人異なっていますし，さらに情緒障害の子どもへの対応も必要とな

る環境では指導上の様々な配慮が必要となります。

　例えば，学校の教室やスクールバスの中では音の刺激を調整することが難しいため，音過敏の子どもにとっては困難な環境になりがちです。多動・多弁で声の大きい子どもと過ごすことで，音過敏の子どもが不登校や自傷行為になるケースもあります。この相反する課題は，障害特性の表れですから一方を否定することはできません。そこで，子どもがお互いの特性を知り，その対処法を工夫すると同時に，特別支援学級が複数ある場合には学級編制や交流時間の設定も工夫したいものです。

3　異学年の学級編制

　通常の学級は，僻地や小規模校の複式学級以外では，異学年の子どもが同じ学級になることはありません。しかし，特別支援学級は，障害種別の学級編制で特別な教育課程を編成することが可能とされているため，学年や男女数が大きく異なるケースがあります。

　例えば，同じ学級に1年生と6年生が在籍すると，学習内容が違うだけでなく，発達課題への対応も困難になります。思春期にさしかかった6年生と，幼児期から間もない1年生が机を並べて1年間過ごす中では，所属意識や自尊感情への配慮が欠かせません。特に，高学年になると自分と周囲の違いを意識したり，周囲からの偏見を感じたりしますから，在籍する特別支援学級に劣等感をもちやすく，担任に反抗的な態度をとってしまうこともあります。

　どの障害でも，高学年になると自分と周囲が違うことの悩みや葛藤が大きくなりますから，少人数の学級編制ならではの利点をいかした指導が大切です。日常の係活動に教員の補佐的な役割を与えたり，温かく細やかな称賛の声かけを増やしたりして，自己有能感や自分の学級への誇りを育てます。

　また，担任が特別支援学級だけにとどまるのではなく，交流学級や全校の活動に積極的に参加して活躍する場面を見せて，担任への愛着や学級への所属意識を育てることも大切です。

Q&A 学級編制

Q 保護者から,「弱視特別支援学級の在籍児童は1人なのに,子どもが在籍している知的特別支援学級は7人在籍していて不公平ではないか」との訴えがありました。どのように対応したらよいですか?

A 特別支援教育は,一人一人の障害特性に対応した教育を保障するために,障害種別ごとの学級編制が行われます。同じ特別支援学級であっても,在籍する児童生徒の障害によって教育課程や指導内容が異なりますので,それぞれが独立した学級になっています。特別支援学級は,盲・聾学校や知的・肢体不自由・病弱虚弱特別支援学校に準じた教育を行うための学級として位置づけられているからです。障害種別に応じた手厚く専門的な教育を保障するために各々の学級が独立していることを保護者に理解してもらいましょう。

また,同じ学校に複数の特別支援学級が設置されていることで,日々の共同学習や交流教育の場を多く設定したり,合同行事をしたりすることが可能になることや複数の教員が関われる時間が多くなるというプラス面についても伝えましょう。さらに近年は1人学級の課題として,集団の中で獲得されるべき社会性や規範意識の欠如が心配されることもあります。ですから,単純に在籍人数だけで不利益や不公平さが決定するものではありません。

なお学校の対応としては,特別支援学級の新設や設置継続を最終的に決定する権限は,都道府県教育委員会(政令指定都市を含む)にあり,法令基準に照らし合わせた公平なものであることを校長から説明することもできます。

保護者にとっては,たとえ数人であっても在籍人数の違いが我が子の教育に影響するのではないかとの疑念をもってしまうものです。学校がその不安に対して丁寧に対応することで不安を解消するように努めましょう。同じ障害のある子どもを育てている親同士の連携を深めるために,特別支援学級合同の親子会や保護者会・親睦会等を実施するのもよいでしょう。

Q 今年度から，自閉症・情緒障害特別支援学級が2つに増えました。保護者から，「どのようなことを考慮して学級編制をしたのか」と尋ねられました。どのように答えたらよいですか？

A 新年度は，特別支援学級の在籍人数の増減によって，設置される学級数も異なってきます。学級編制は子どもや保護者にとっては，大きな環境の変化になりますから，学校が様々な条件（障害特性，学年・男女比，交流学級等）や教育効果を慎重に考慮し学級編制をしていることを伝えていきます。

第1点目は，自閉症・情緒障害特別支援学級が，発達障害の自閉症と心因性の情緒障害の子どもが在籍するための学級であることを説明します。そのため，障害特性が似かよっている子と，そうでない子が同じ環境で生活することによりに二次障害が生じないよう，可能であれば特性の類似した子ども同士での学級編制を考えます。この場合，指導や特性対応は統一されますが，学年や交流教育の時間調整が難しくなります。

第2点目は，1年から6年までの学年間のバランスを考慮し，1年から3年までの低学年と，4年から6年までの高学年といった学年に対応した学級編制が考えられます。この場合，指導内容や交流時間は調整しやすくなりますが，中学年の子どもの振り分けが難しくなります。また，障害の程度や重複があれば単純に二分割の学級編制ができないこともよくあります。いずれの場合も，子どもたちがともに支え合い伸びることを願った学級編制を行っていることを丁寧に伝えましょう。

そして，可能な範囲でよいので学級編制の今後の見通しについても保護者に話しておきたいものです。卒業する児童数については年次ごとにわかりますから，数年先を見据えた特別支援学級の経営方針を説明しましょう。そうすることが，学級の増減による保護者の不安を軽減し，子どもの二次障害を防ぐことにもつながります。

> コラム 「教育支援委員会の就学判断と学級編制」

キーワード⑤で就学にふれますが，この表は自閉症・情緒障害の「特別支援学級」と「通級による指導（通常の学級）」の就学基準等（一部抜粋）です。

区　分	特別支援学級 （14文科初第291号通知）	通級による指導 （17文科初第1178号通知）
自閉症・情緒障害	①自閉症又はそれに類するもので，他人との意思疎通及び対人関係の形成が困難である程度のもの ②主として心理的な要因による選択性かん黙等があるもので，社会生活への適応が困難である程度のもの	自閉症又はそれに類するもので，<u>通常の学級での学習におおむね参加でき</u>，一部特別な指導を必要とする程度のもの（下線は筆者） 主として心理的な要因による選択性かん黙等があるもので，通常の学級での学習におおむね参加でき，一部特別な指導を必要とする程度のもの

市町村教育委員会に設置される「教育支援委員会」は，子どもの就学について保護者の意見を聴取して，最も教育効果が望める学級を判断していきます。その際に，この表にある文部科学省の通知を考慮しますが，自閉症の子どもの望ましい就学先が特別支援学級なのか，それとも通級による指導（通常の学級）なのか判断に困るケースがよく起こります。

自閉症の子どもは認知面の発達がアンバランスですから，「通常の学級での学習におおむね参加」できるか否かは，その学級の在籍人数や環境に左右されます。また，様々な医学的な検査や生育・発達の状態を専門的な知識と経験をもっている委員が協議しても，明確な線引きができないことがあります。

小学校段階の子どもは，日々成長し変化が著しい時期ですから，どの学級に在籍するのがベストなのかより，学校全体で子どもがともに育つベターな環境（学級編制）を保護者とともに柔軟に考えたいものです。

マンガ　保護者の意見表明

　小学校の就学担当者が就学前機関を訪問し，子どもの就学について不安をもっている保護者と望ましい就学について協議しています。その場合に，集団の中での子どもの様子を的確に把握した上で，小学校の教育課程や学校生活の情報を伝え，市町村の教育支援委員会との連携を図りながら対応します。

マンガ　就学先の変更

　保護者と学校が就学先の変更を話し合っています。通常の学級から特別支援学級に変更する場合には，障害の改善・克服の取組だけでなく社会性の伸長についても配慮しています。発達課題の見通しを慎重に判断しながら，関係者が額を近づけて話し合い，個別支援計画に反映させることが大切です。

①
個別支援計画の中に書かれているように，2年生からの勉強を特別支援学級でさせるのはどうかと考えています。学校や校長先生のお考えをお聞かせ下さい。

②
将来を見据えていま一番大事なことは、低学年の基礎学力を特別支援学級の少人数の中でしっかりと学んでもらうことと思います。ゆとりをもって見守りませんか？

③
校長先生と学校の支援方法がよくわかりましたので、入級します。よろしくお願いします。

学校の願いをご理解下さりありがとうございます。一緒に頑張っていきましょう。

④
特別支援学級に入級した後も個別支援計画通りに5年生からは通常の学級だけの生活に慣れるよう交流を続けます。ご安心下さい。

キーワード⑤ 就学相談

　障害のある子どもの就学に関する手続きについては，市町村教育委員会が「障害の状態，必要な支援の内容，支援体制の整備の状況，保護者と専門家の意見等」を勘案して決定することになっています。

　しかし，インクルーシブ教育（障害のある子どもと障害のない子どもがともに適切な教育を受けられる環境）の実現には，早期からの教育相談の実施や就学前の機関と市町村教育委員会との連携が不可欠です。特に，保護者の意向確認に関しては「保護者の意見表明の場（学校教育法施行令第18条の2）」を設定し，その意向を可能な限り尊重するための早期からの就学相談や支援の充実が必要となります。

　就学先を決定する際には，市町村教育委員会に設置している「教育支援委員会」が中心となって関係機関との連携を図っていきます。そこで大切になるのは，子どもの発達や支援の状況を適切に把握するために教育支援委員会の委員が，保育園や幼稚園を訪問し，子どもの様子を把握し保護者との就学相談を継続することです。適切な情報の共有や個別支援計画の作成，合理的配慮の調整を行うことも目的になります。

　さらに就学後の「学びの場」については，固定したものではなく保護者と学校が協議し，市町村教育委員会の判断により柔軟に転学することも可能です。そのためには，学校が校内教育支援委員会で協議した後，子どもに必要な支援の内容や方法，支援の必要な期間など具体的な目標を設定し，それを保護者と学校が共有することで，より適切な教育環境が保障されることになります。

1 特別支援学級，特別支援学校への就学

　公立小・中学校の特別支援学級の設置数は，平成19年の特別支援教育スタート以降全国的に著しく増加しています。特別支援学級は，障害種別ごとに「知的障害，肢体不自由，病弱・虚弱，弱視，難聴，言語障害，自閉症・情緒障害」の7種類があり，就学先は子どもの障害種別と程度によって決定されています。就学手続きは，保護者の意見聴取を経て市町村の教育支援委員会の専門家によって慎重に審議され，最終的には市町村の教育委員会が決定します。

　法令上の就学手続きは，毎年10月1日の「学齢簿（住民基本台帳による次年度の就学予定者名簿）」の作成から始まります。そして，特別支援学校への就学が望ましいと判断される子どもの都道府県への報告は，12月末までに行われます。つまり，特別支援学校か特別支援学級か判断するリミットは年内中となりますから，特別支援学校と特別支援学級で就学を迷っている場合には，夏から秋にかけて県や市町村教育委員会が実施する教育相談等を利用して，保護者の希望や子どもに適した教育環境について十分に検討し，12月までに決めておかなければなりません。

　小学校への就学通知は，就学前の2月頃に各家庭に送付されていますが，これはあくまで通常の学級を前提とした通知になりますから，特別支援学級への在籍を検討する場合は，11月末までに行われる小学校での「就学時健康診断」において学校と保護者が協議し，子どもに適した在籍学級を決定することになります。いずれにしても，次年度の教職員定数との関係がありますから，特別支援学級数と教職員数のバランスが調整される11月頃までに就学先を決定しておくのが，保護者，学校ともに次年度のよい教育環境づくりにつながります。そのためには，早期から就学についての話し合いをもち，両者が納得した就学になるよう市町村教育委員会との連携も大切になります。

2　保護者の意見表明

　現在，就学を判断する過程においては，保護者の意見表明の機会が位置づけられていますので，保護者は市町村教育委員会との協議で希望を述べることができます。しかし近年，保護者が特別支援学校への就学を希望した場合でもその対象にはならず，保護者と教育委員会が対立しているケースが増えています。障害者の権利条約の批准から，本人と保護者の意向は重視されていますが，文部科学省や都道府県教育委員会の就学基準（学校教育法施行令第22条の3）の規定があり，保護者が希望すれば就学の希望が全て叶うわけではありません。

　また，小学校特別支援学級の在籍先の決定についても，知的障害と自閉症の障害が重複している子どもの就学では，障害の程度や指導の優先順，教育環境の実態等を総合的に考えることになります。重複障害の子どもは，両方の障害特性を考慮しなければなりませんが，在籍できる学級はどちらか一つになります。そのため，障害特性を十分に審議しても判断が難しい場合は，学校全体の学級編制の状況を考慮しながら，最終的には子どもを一番知っている保護者の意向や願いを尊重するケースが多くなっています。

3　就学先の変更

　就学先の決定権は，小学校の特別支援学級や特別支援学校への就学時には市町村教育委員会にありますが，特別支援学校から市町村の小・中学校に転学する場合は，特別支援学校長と都道府県教育委員会に決定権があります。就学については，一度決定した場合でも子どもの発達状況や障害の改善等を考慮して，保護者の申請によって就学先の変更も可能となっています。
　特に，発達障害の場合は，能力のアンバランスが著しいことから学びの場を固定するのではなく，発達段階や能力の伸長に応じて在籍を変更していく

ことも大切な就学措置と言えます。近年，通常の学級からスタートして，途中から特別支援学級に在籍するケースもよくあります。その場合も，再度就学が変更されることも検討しながら「見通し入級」として就学期限を設定する場合が増えています。確かな指導目標と実践内容を個別支援計画に示し，学校と保護者の信頼関係に基づき子どもの将来につながる在籍先を決定したいものです。

Q&A 就学相談

Q 特別支援学校に入学予定の子どもが，小学校の就学時健康診断に来ました。入学しないのにどうしてですか？

A 特別支援学校の小学部に入学する場合でも，就学時健康診断は，住民票がある地域の小学校で受けることになります。地元の小学校に入学しないのに，大勢の子どもたちの中で受けるわけですから，その参加や健診方法については事前に保護者や就学前機関と連絡をとりあって，子どもの負担が大きくならないよう十分な特性対応や配慮が必要になります。また，健康診断の結果や当日の様子については，市町村の教育委員会に報告するとともに，特別支援学校へのスムーズな就学に結びつくよう協力しなければなりません。

特別支援学校に就学後も，地域の小学校とのふるさと交流が積極的に行われますから，就学時健康診断の参加によって相互の理解が深まり，将来につながる機会にしたいものです。

Q 就学年齢に達した子どもの保護者から「発育や発達の遅れがあり，就学を遅らせたい」と申し出がありました。どうしたらよいですか？

A 病弱，発育不全などの理由により，専門的な医師の意見書があり，正当な理由が明らかな場合に，保護者が県や市町村教育委員会に申請を

して，義務教育を受けさせる義務を猶予された場合には「就学猶予」として許可されます。また，重度の障害等により，就学が困難と判断される場合には「就学免除」という制度があります。

しかしながら近年は，医療の発達で超未熟児が増え，就学猶予を希望するケースも増加していますが，一般的な就学の手続きとは異なるため早期から医療機関と連携し，保護者の意見表明や就学相談が必要です。学校の就学時健康診断で，保護者から就学猶予の申し出があった場合は，まず就学の決定権がある市町村教育委員会に報告し対応を協議しなければなりません。

Q 個人懇談で，ある保護者に特別支援学級への入級を勧めようと思っています。どのような配慮が必要なのでしょうか？

A 小・中学校では，通常の学級か特別支援学級のどちらかを選択することができます。学校教育は，学習指導要領に基づく教育課程により行われていますが，その子どもにとって特別支援学級における個別の丁寧な対応が望ましいということを具体的に提案します。

今回のような提案を学級担任が行う場合，親は動揺したり，感情的になったりすることがあります。しかし，担任として提案に至ったのは，それなりの根拠や確信があったからだと思います。そこで，お互いにその根拠や理由を冷静に判断するとともに，支援関係者など多くの人の意見も参考にして，子どもにとってより良い教育環境を選択するための入級となるように心がけて下さい。

また，個人懇談の限られた時間では，十分な話し合いはできませんから，後日，別の機会を設定することも必要です。さらに，具体的な協議の段階になれば，校長などの参加も得て，全校体制で入級についての対応をして下さい。学級担任一人の判断ではなく，全校・学年体制での支援が約束されることで，保護者は不安を解消し前向きな展望をもつことができます。

第2章
発達障害への「つまずき」理解とサポート

　現在，発達障害は公的な支援の対象になって十数年経っていますが，一般社会においては依然理解に乏しく，厳しい現実があります。個別支援計画の運用においても，学校や職場では無理解によるダンピング（放り投げ）が残っています。それは発達障害が，障害特性のわかりやすい知的・身体障害とは違い，個々の認知・行動面の障害特性を周囲が理解しにくいためです。

　小学校段階の発達課題は，集団適応・学習形成・社会性の成熟など，より高度で複雑になり周囲の評価も厳しくなり，それが獲得できないとなると著しい不利益が生じます。ゆえに，発達障害の子どもを担当する教員は，その特性を正しく理解し，学校生活で適切に支援できる指導力が必要になります。

　第二章では，発達障害，特に自閉症スペクトラム障害に見られる様々な症状や特徴を観点別のイラストと解説文にまとめました。発達障害や発達課題がある子どもの困難さを理解し，周りの温かい視線と適切な支援に結びつけていただくためのものです。

　イラストは発達障害のある子どもと接している先生や保護者が，学校や家庭で共通する特性を見つけたり，その対応を考えたりする上でのヒントになれば幸いです。なお，イラストは必要に応じて印刷し子どもの個別指導資料としての活用も想定しています。また，特別支援教育の推進者である特別支援教育コーディネーターや特別支援学級の先生が，通常の学級の先生方やPTAの研修会等で，発達障害の説明に使用していただければと思います。

マンガ　常同行為

　ASDのトム君には独特の「常同行為」があり，周囲から奇異な目で見られて，からかいや疎外の対象になります。無理解から二次障害（いじめ・自傷行為）にも陥りやすいので，常同行為に疑問を感じている子どもがいれば個別に対応をし，発達段階に応じて学級指導の機会をもちましょう。

マンガ 同一性保持

　トム君がクラスの学級文庫の並び順にこだわるのは，ASDの「同一性保持」によるものです。単なる整理整頓ではなく，自身を安定させるためにしているある種の儀式です。視覚の記憶が優れていることの良さ（緻密な描写力）がある反面，しんどさ（視覚情報の過多）があることも理解しましょう。

マンガ　多動・多弁・衝動性

「多動・衝動性」がある ASD のトム君は，刺激にすぐ反応してしまうので学習のきまりが守れません。その結果，周りの子どもたちからは自分勝手でわがままな子どもと思われています。誤学習が習慣化しないように，その都度，特性を受容しつつ個別指導で自らの言動をフィードバックさせます。

マンガ　音過敏

「音過敏」は個人差や環境差があり，周囲にわかりにくい特性の一つです。トム君は，音楽の音に耳をふさいでいますが，学校生活の様々な音でも疲れてしまいます。そのような場合，帰宅後に疲労こんぱいだったり突然不登校になったりしますので，音過敏の有無や対応を家庭と共有しておきましょう。

マンガ　自傷行為

　突然「自傷行為」が起こり，周りの子どもたちを心配させることがあります。常に防ぐことは無理ですが，自傷行為が起こりやすいパターンを予測しておくことが大切です。言葉で自己表現できないASDのトム君の困り感に気づき，周囲にSOSを出す方法（ヘルプカード等）を決めておきましょう。

マンガ　フラッシュバック

「フラッシュバック」から，けんかになっている場面です。双方に理由がありますから，教師が仲介することでトラブルを収めています。トム君の記憶が鮮明である特性を理解しながら，暴力については是々非々の生徒指導が必要になります。クールダウンや怒りのセルフコントロールで調節します。

障害の特性

　発達障害の子どもは,「教科の習得・対人関係の構築・社会性の獲得」など様々な困難を抱えることがあります。これらの発達課題はその障害特性により支援方法が異なりますので, まず医療の診断や発達検査等の結果から子どもの認知特性を正確に把握し支援することが大切になります。

　ここ数年, 学校においてはユニバーサルデザインによる教科指導が根付いてきましたから, 自閉症スペクトラム障害（以下ASD）に見られる学習上の困難は格段に改善してきましたが, 対人関係や社会性のつまずきから様々な二次障害につながるケースはむしろ増加しています。

　このようにASDとその周辺の子どもは, その障害特性に起因した次のような課題と困難に直面しています。

　まず, ASDの特性として周りに理解しがたい奇異な行動と映るのが,「常同行為, 反復行動, 同一性保持, 多動・衝動性, 音過敏」です。これらは, ASDの認知面の偏りや固執性の強さ, 感覚の過敏による現象ですが, 二次的な身体症状では「自傷行為, フラッシュバック」もよく起こります。

　これら一連の行為は, ASDの子どもたちにとっては意味があり必要な行為になりますが, そのことを周りの子どもたちが自然に受け止められる環境であれば, ASDの子どもたちも楽に過ごせるのではないでしょうか。

　さらに, これらの障害特性に加えて個々の生育歴や複雑な家庭環境が要因として重なることで, 外向性（暴力・非行・触法行為）や内向性（不登校・ひきこもり・うつ）の二次的な問題が生じる場合も少なくありません。

　今後, 学校が二次障害防止に向けて取り組むべきことは, 特別支援教育の担当者だけがASDを理解しているのではなく, 子どもをとりまく全ての教職員とPTAが, 適切に支援できる知識と方法を身につけておくことです。

ASDの特性には，通常の発達・発育の視点だけでは簡単に理解できない難しさもあります。ですから，研修等においては，ASDの疑似体験を取り入れたり，本章のイラスト資料を使ったりして，ASDを特別視せずにスペクトラム（連続上にある発達の偏り）として捉えて欲しいと思います。

〈イラスト資料による指導について〉
　ASDのソーシャル・スキルの指導は，社会生活での経験と課題を中心に捉えて行うべきだと思います。そのためには，イラスト資料を通して様々な場面を設定しその状況を理解させたり，会話を考えたりすることが小学校段階のコミュニケーション指導では有効な指導方法になると考えます。
　特に視覚的な情報の理解を得意とするASDの子どもには，視覚優位の特性を活用することが理解を促すポイントになります。そして，望ましい対人関係や生活のルールを理解するためには，そのソーシャル・スキルを項目別に取り組むトップダウンの指導が必要であり，さらにはボトムアップによる日常生活の具体的な出来事と関連づけることで一層効果的な指導となります。

【常同行為】
　ASDの特性に，身体や音声で何度も同じ刺激を繰り返す症状があります。突然，手をヒラヒラさせたり上半身を前後にロッキングしたり，口唇あそびの行為があります。子どもなりの快・不快の表現手段だと周囲が静かに見守り，個別の対応では無理な制止や矯正をせず，常同行為が起こる前後の意味を考えたり，行為自体を温かく見守って話しかけたりすることが大切です。

【同一性保持】
　一見几帳面さとも見えますが，ASD特有の常に同じ状態を保持したいというこだわりから起こる行動です。集団生活では，これが原因でトラブルになったり，無理に制止されて本人がパニックを起こしたりすることも少なくありません。同一性保持の対象は子どもによって様々で，「ドア・窓・カー

テン・ファスナーの開閉，他者の足や腕の組み方，スリッパの並べ方」などがあります。指導は，視覚的な記銘力の強さから起こるこだわりを周りが認める環境づくりと本人の自力解決（代償行為）の方法を探ります。

【多動・多弁】

　学校では，学習訓練として挙手をして発言することを徹底します。しかし，多動や多弁，衝動性が強い子どもはその瞬間の思いつきで発言し，身勝手な言動になることがあります。指導では，「挙手＝許可のサイン」という学習のきまりの意味を教え，その行動を自己評価させます。そして，目標とする望ましい行動ができた時には，※トークンエコノミー法で評価したり，周囲から称賛されたりすることで，次への意欲化を図っていきます。

【衝動性】

　グループ活動では，仲間と協力して問題を解決していく協調性が求められますが，衝動性優位の子どもは自分勝手で無頓着な行動をとってしまいます。本人は，意図的に話し合いを妨害しているという意識はありませんので，周囲から注意を受けると反発し攻撃的になります。指導では，※「SST」をとりいれながら，個別に根気強く関わり，少しずつ望ましい態度を形成していきますが，本人の自尊感情を傷つけないことが大切なポイントになります。

【音過敏】

　ASDによく見られる症状ですが，周囲の理解と協力が必要になります。通常レベルの聴覚は，カクテルパーティ効果（不必要な音を遮断すること）によって，音を取捨選択しています。しかし，音過敏の子どもは，その選択が弱いので，全ての音が一律に聞こえてしまいます。指導では，音過敏はイヤマフ等の使用である程度は適応できるものの，周りが生活環境の音に日頃から配慮することが大切です。音過敏の状態は様々ですから，個々の状態を把握しながら，学校・学級全体で負担を軽減する取組を考えましょう。

【自傷行為】

　自分の頭をたたいたり，手をかんだり様々な方法で自分の身体を傷つけますが，その行為に至るまでには必ず原因になることがあります。支援のポイントは，可能な限り自傷行為を起こさせないことですから，周りが本人の困り感を事前に察知することが大切です。また，周囲にはASDの子どもは，痛みや刺激の痛覚や温度感覚に偏りがあることも知らせておきます。

【フラッシュバック】

　ASDの中には，何年も前の記憶が突然よみがえって自分をコントロールできなくなる子どもがいます。本人なりの確かな記憶と負の理由が重なってのことですが，突然のフラッシュバックは，周りに理解されにくい行為です。周りへの指導では，昔の写真を見たり音楽を聞いたりすると，その時のことを思い出した経験があることを振り返らせながら，フラッシュバックは特定の刺激によって突然起こる行為であることを知らせます。

※「トークンエコノミー法」とは

　適切な言動や個々の課題を達成したことに対してトークン（代用貨幣など）を使い，事前に評価者と被評価者が決めた「物品，評価，承認，称賛」を報酬としながら，被評価者に対する正の動機づけと好ましい習慣化を図るための手段。

※「SST」とは

　「ソーシャルスキル・トレーニング」の略で，認知行動療法を背景とした技法のひとつ。発達障害におけるSSTは，「コーチング，フィードバック，ロールプレイング，シミュレーション学習」などを組み合わせて行う。社会性の問題がある子どもへのアプローチで，コミュニケーション技術を向上させ課題を改善するためのトレーニング。

マンガ　言葉の文脈を理解する能力

　トム君は相手から「お母さんはいますか」と聞かれ，文法上は正しい応答をしています。このように相手の意図をうまく理解できない失敗がASDの子どもにはよく起こります。言われたことや見たことの表象部分だけをデジタル的に捉えるためです。文脈には省略の意味があることを教えていきます。

マンガ　仲間ことばの理解

　エリさんは，友だちが使う「マジ」の意味がわかりません。ASDの子どもは，機械的で丁寧な標準語を使います。しかし，臨機応変に相手や場の状況に変化できないため，思春期になると感情表現や仲間意識を共有できずに孤立しがちです。仲間ことばや新語・造語についても関心をもたせましょう。

言葉のつまずき
①言葉がうまく理解できない子どもたち

　学校生活の適応は，理解言語の差によると言っても過言ではありません。学級活動，友人との交流のほとんどは言葉を理解することで成立します。また，教科学習では話し言葉と書き言葉の理解力が，学習の習得や優劣につながります。

　言葉の世界を理解するためには，「意味（単語・文の意味），統語（句や文の意味），語用（会話や社会的文脈の中での言葉の使い方と意味）」の三要素が必要になります。

　ASDの子どもの多くは，「意味・統語」での文章や会話を正しく習得するための品詞や文法（受動態や能動態）の理解を苦手としています。

　「語用」では，相手の発話意図を理解し，場の空気を読むこと（視覚的な場面状況や文脈理解）ができないので，コミュニケーションにも影響します。

　学校の集団生活では，一斉指導で教師が不特定多数を叱責することがあります。そのような場合に，自分だけが叱られたと勘違いをして，教師に反発しパニックになる子どもがいます。この原因は，教師が誰を何で叱ったのかというクラス全体の雰囲気（文脈）がわからずに混乱しているためです。

　また，高学年ともなると「社交辞令や仲間言葉」の使用も必要になりますが，ASDの子どもは文面どおりの理解をして勘違いをしていることもあります。言葉の表現には，意味や統語だけでは理解できない様々な含みがあることを教える必要があります。

【言葉の文脈を理解する能力】

　よくASDの笑い話に，電話や訪問客から家人が「いますか」と問われて「います」だけで済ませたという話があります。相手の意をくめずに，字面どお

りの理解が原因になっています。このような失敗は，相手が期待している内容や発話の意図を理解することが苦手な子どもによく見られます。指導では，表出言葉には省略されている言葉や反対の意味があることを教えます。そのためには自他の違いや他者の思いに気づくためのイラスト会話文学習も効果的です。

【仲間ことばの理解】
　思春期にさしかかると，仲間内だけの会話や造語がつくられたりします。国語辞典や広辞苑に載っていない言葉でも，意味が通じれば仲間との会話は成立します。最近では携帯やスマートフォンの通信で使われる言葉も多くなっています。しかし，ASDの子どもは例外や応用力の弱さから，方言や流行語，仲間ことばをうまく使えないケースがあります。指導では，その時々の新語や造語を調べて，標準語以外にも様々な違った表現があることを経験させます。

【ユーモアの理解】
　日本人は，駄洒落やユーモアのセンスが少ないと言われますが，ASDの子どもはとても苦手です。ユーモアは，言葉とその周辺の情報を理解する中から生まれる知的で高度なコミュニケーション能力になります。指導では，幼少期からの言葉あそびやクイズなどで柔軟な発想力を身につけさせたいものです。個別の指導では，まず語彙の拡充をはかりながら類義語・同音異義語・循環語などの周辺語彙の世界をふくらませて，言葉と意味の関連性を教えていきます。

マンガ　知られたくない事実

　トム君は，街で出会った女性の帽子がバーゲンで売っていたと言ってしまいます。知っている事実を伝えたくても，確認したり口外したりすることを「相手は嫌がるかもしれない」という他者の視点に立った思考が必要になります。この背景には，話題の選択や他者の心を理解することの苦手さがあります。

マンガ　嘘の世界

　トム君がトランプゲームで手の内を明かしているのは，他者が自分をどう思うのかわからないためです。これはゲームの面白さが，他者との「嘘と真実」の駆け引きにあることを理解していないためです。他者とのやりとりの事実関係が理解できない子どもは，複雑な対人関係の構築でもつまずきます。

言葉のつまずき
②思いや考えを，すぐ言葉にしてしまう子どもたち

　ASDの理解言語のつまずきには，内言語の問題も含まれます。内言語とは内なる言葉ですから，通常は相手の心証を害さないよう使い分けています。
　しかし，ASDの子どもは，知っていることや思っていることをすぐ口に出して，相手との関係を悪化させる場合があります。本人は，意図的に相手を傷つけようと悪意があるわけではないので，自分の言動がなぜ相手を怒らせているのか理解できずに困惑します。
　他者には知られたくないことや隠したい感情があることに気づかないまま，内なる思いを言葉にしていたのでは周囲との良い関係はつくれません。また，「だまし・だまされる」嘘の関係も苦手ですが，これは他者に自分と違う内なる思いや感情があることに気づきにくいからです。

【知られたくない事実】
　〈自分の知っていることは，他者も知っている〉という※「心の理論」につまずきがあるASDの子どもは，自分の考えや思いを言葉にしてトラブルになることがよくあります。指導では，まず自他の考えや感情には違いがあることに気づかせます。そして，他者が事実を隠したり嘘をついたりする心情がどのような理由によって起こるのかについても考えさせていきます。

【失礼な表現】
　自分の考えを表現した結果，他人を傷つけてしまうことがあります。感情の未分化なASDの子どもは，感情を単純にデジタル化する傾向があります。指導では，他人の立場や感情は複雑であり，多面的・アナログ的に相手の感情を推測することの必要性を「情緒の段階づけ表」などで教えていきます。

また，より良い表現として※アサーション学習も必要になるでしょう。

【嘘の世界】

　ゲームは，「だまし＝だまされる」関係で成立しています。しかし，この嘘の世界を理解できていない子どもは，※二次的信念課題（Aさんは「Bさんは○○だと思っている」と思っている）という入れ子構造の理解ができません。指導では，二次的信念課題に関係した推論学習や，生活場面で他者の思いを推理させる学習で，場面状況や心的変化の理解について教えていきます。

※「心の理論」とは

　他者に心や感情があることを認識する能力のこと。人は，他者が物事を認知し推測していることを知ることにより，良好な社会的相互関係を築けるようになる。しかし，ASDでは「心の理論」の獲得が遅れる子どもが多い。他者の心のはたらきを予測することで，その後の行動や期待していることも理解できるようになる。心の理論課題に「アンとサリー」などがある。

※「アサーション学習」とは

　コミュニケーション能力を向上させる技法の一つ。自己表現で受け身的・攻撃的にならず，お互いの立場や気持ちを尊重したより良い表現方法を用いることで，望ましい対人関係を築くためのトレーニング。

※「二次的信念課題」とは

　心の理論を獲得するためには，他者がどのような信念をもっているかを知る必要がある。つまり，他者の誤信念を理解することが他者理解につながる。
　一次的信念課題……「Aさんに○○の考えがあることを私は知っている」という理解ができること。
　三次的信念課題……「Aさんが○○と思っているとBさんが考えているとCさんが思っていることを私は知っている」という理解ができること。

マンガ　誤解の解消

　みきさんに伝わった内容が，トム君の真意と違っていたことが原因でトラブルになっています。「遊ばない」という結論だけが伝わり，みきさんの誤解をまねく結果になりました。ASDの子どもは簡潔かつデジタル的な表現を好みますので，指導では相手の反応や誤解がある時の解決方法も教えます。

マンガ 話し方の切り換え方

　トム君は，友だちと先生とでは言葉遣いを変えなければならないことを，ただし君の対応から学んでいます。場の雰囲気や相手と自分の関係を理解するのが苦手な ASD の子どもには，身近な環境で良いモデルになる友だちと交流させ，その表現や所作を真似ることで望ましい習慣化を図ります。

言葉のつまずき
③うまく言葉で表現できない子どもたち

　年齢相応の理解言語がありながら表出言語が少ない場合は，発達上の偏りや歪みが考えられます。ただ，就学までに明らかな遅れがある場合は，保健・医療の健康診断等で専門機関から早期発見と早期療育の必要性が示されます。
　しかし，ASDの子ども場合は幼少時に表出言語の遅れがあっても，就学する頃には語彙数が増え，言葉の明らかな遅れは目立たなくなるケースもあります。知的能力の高いASDの子どもは，知識として獲得する語彙は多くなりますが，生活場面での間違った使い方や表現の偏りがよく見られます。

【誤解の解消】
　発話の真意が相手に伝わらず誤解されることがあります。第三者から伝わった場合はなおさら複雑です。そのような時には，相手の誤解を解消するために自分の思いを理解してもらうための表現力を必要としますが，ASDの子どもは相手との論理的なディスカッションが苦手です。指導では，テーマを決めてその内容を要約したり，数語のヒントからテーマにそった話を創作したりすることで，相手にもわかりやすい表現方法を学習していきます。

【話し方の切り換え方】
　相手に応じたふさわしい話し方や態度は，就労に向けて良好な人間関係や礼儀作法としても必要なスキルです。指導では，学年に応じた敬語や謙遜語の学習をしていきます。ASDの場合は，日常生活での丁寧な言葉遣いから始めるのがよいでしょう。子どもに乱暴な言葉があった場合の言い直しは生徒指導上必要ですが，特性を無視した無理強いで信頼関係を損ねてしまっては意味がありません。少しずつ，全体指導の中で教えていきたいものです。

マンガ　こそあど言葉の理解

「こそあど言葉」は国語科で取り上げる内容です。通常はその場の状況から「あれ」の意味する物を推測できます。でも，トム君にはただし君の作業や見通しが理解できていないため，ただし君の「あれ」に困惑しています。状況理解を苦手としている子どもは，具体的な指示を必要としています。

マンガ　話題の選択

　登校中の会話ですが，トム君の内容が話題からそれています。トム君は，興味のある天気の知識は豊富ですが，みきさんの「水泳ができるかな？」の問いかけに対して的はずれの会話になっています。ASDの子どもは，自分の関心がある部分にこだわり，話題の主旨を見失ってしまうことがあります。

今日は，いい天気ね。水泳できるかな？

今日の天気はね，本州に1000ヘクトパスカルの強い高気圧があるんだよね。

おはよう―

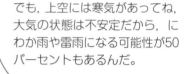

でも，上空には寒気があってね，大気の状態は不安定だから，にわか雨や雷雨になる可能性が50パーセントもあるんだ。

ちょっと待って！　お天気にくわしいことはわかったわ。でも，わたしは水泳ができるかどうかを聞いていたのよ。話がそれているわ。

ごめん，ごめん。
つい，ぼくの大好きな天気の話に夢中になったよ。水泳の話だったよね。

マンガ　省略された表現

　日直のただし君が「授業を頑張る」という目標を決めましたが，トム君は疑問に思っています。目標が曖昧な表現でも多くの子どもたちは自分なりの解釈をしますが，ASDの子どもはファジーな理解が苦手です。一斉指導では曖昧な表現を避けたり，表現を補足したりすることが必要になります。

マンガ　曖昧な表現

　ただし君が，トム君に「今度遊ぼう」と約束をしていますが，トム君は疑問に思っています。「今度」とは，はっきりしないがお互いの都合や予定（今日が何曜日か）によって決めていこうという含みをもっています。でも，ASDの子どもは状況予測が苦手ですから，5W1Hを明確にしましょう。

マンガ　他人の期待の感知

　みきさんがトム君の父親について尋ねています。「どんな」という表現は，広い解釈ができますので，トム君の回答は間違いではありません。しかし，みきさんが聞きたいと思う内容からずれた一方的な会話になっています。ASDの子どもは，相手の期待や意をくみ取るコミュニケーションが苦手です。

①
ねぇ，トム君のお父さんって，どんな人なの？

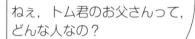

②
お父さんはね，6月6日生まれ。生命保険会社の課長で部下が8人。身長が170センチで……

（そんなことじゃないのに……）

③
トム君の説明は，とてもくわしいんだけど，みきさんが知りたかったのは，お父さんの性格や人柄だったのかもしれませんね。

④
あっ，そうだったんだ。ぼくのお父さんはね，とてもやさしくて，休みの日は一緒にサッカーやゲームをしてくれるんだよ。

マンガ　ことわざの理解

　トム君は，ただし君の「お姉さんは金槌」という文の意味がわかりません。例え話やことわざの意味を理解するためには，物事と言葉の関係を置き換える柔軟な発想が必要になります。しかし，ASDの子どもは語彙が少なく限られた表現を好みますから，語彙（同音異義語）を増やす学習が必要です。

マンガ　四字熟語の使い方

　トム君が，難しい四字熟語を使って母親を紹介しましたが，ただし君にはその意味がわかりませんでした。スピーチという場面には，ふさわしくない表現になっています。ASDの子どもは，難しい言葉を好み反感をかう傾向がありますから，クラスで孤立しないための温かい学級づくりも大切です。

言葉のつまずき
④言葉の正しい使い方がわからない子どもたち

　ASDに見られる困難は，教科学習の問題にとどまるものではなく，運動，行動，情緒，コミュニケーションなど，いろいろな側面に現れてきます。中でも深刻なのは，コミュニケーションと集団適応の問題です。学校現場の教職員の意識調査においても，過去にASDと思われる子どもを担任した教員の多くは，行動面や集団参加，友人関係の問題解決こそが喫緊の問題だと捉えていました。また，日常子どもと接する教員の多くが，コミュニケーションや集団適応の問題にどう対処したらよいか悩んでいることも明らかになっています。

　実際，ASDの子どもは，日常生活における言葉によるコミュニケーション（指示や説明の理解，友人との会話など）と集団適応（友人との遊び，集団内での行動様式，ルールの理解など）に様々な問題を示すことがよくあります。これらの問題は一次的な問題としてASDの特性として現れてくる場合と，ASDのもつ困難さの結果として二次的に生じてくる場合がありますが，いずれにしても，教科学習の問題以上に担任教師や保護者の悩みの種となっています。

　ASDの子どものコミュニケーションは，年齢相応の表出言語があっても言語操作の段階でつまずきやすく，言葉の意味や相手の意図理解での失敗がよく起こります。

　その一因は，<u>日本語には曖昧な表現が多く，省略した言葉で場面状況を説明したり，代名詞のみで指示したりすることが多いため，相手の意図や周囲の状況が理解できにくくなるからです。</u>

　それとは反対に，四字熟語やことわざのような比喩表現は，意味や結論が明確であるため，ASDの子どもは好んでよく使います。しかし，同年齢の

子どもとのコミュニケーションで多用すると不自然さが目立ち，集団から浮いた存在になりがちです。

　言葉は文法上の意味理解だけでなく，その時の場面状況や文脈など側面的な内言語の理解も必要です。例えば，「今日は，あつかったね」の「あつい」という話し言葉には，「熱い・暑い・厚い」のどれを指しているのかがわかりませんが，風呂上がりであればお湯の温度が熱かったとなりますし，書き言葉なら一目瞭然です。また，話し手はお風呂の温度を，明日は下げて欲しいという思いがあって言っている場合もあります。

　このような言語コミュニケーション能力（話し手の意図理解や省略された言葉に応じる力）を獲得するためには，日々の具体的な失敗事例を振り返り，生活の中の言葉を文法や構文学習に置き換えて積み重ねていくことが必要になります。

【こそあど言葉の理解】

　作業で忙しい時や親しい間柄では，よく言葉を省略したり代名詞を使ったりします。作業や会話の流れの中から推理して適切に対処するためには，相手の意図を読みとり感じとる力が必要になります。指導では，「こそあど言葉」を国語科の言語事項として取り上げるとともに，学校生活でよく使われている代名詞を調べたり，ロールプレイングをしたりするのもよいでしょう。

【話題の選択】

　自由会話の難しさは，相手の意図を理解した上で，話題の共通性を保ちながら会話を続けることですが，自分の興味がある話だけを一方的にするASDの子どもがいます。自分の関心があることは，他人も同じだと誤解して会話の方向がずれてしまうからです。

　※「メタ言語」の指導では，テーマを決めたインタビューを交互にする場面を撮影して，その会話をモニタリングしながら聞き手と話し手の関係を学ばせていきます。

【省略された表現】

　黒板に「授業を頑張る」と，その日の目標を書いている学級があります。これはとても曖昧な表現ですが，子どもたちはそれぞれの考えで判断をしながら過ごしています。ところが，何を頑張ればよいのか具体的な指示を必要としているASDの子どももいます。指導では，学級全体の目標をふまえて，個々の目標についても考えさせておくことが大切です。言葉は全てを表現していないことを知り，自分なりの解釈と考えがもてるようにします。

【曖昧な表現】

　友人との会話で，「今度」とか「そのうち」などといった曖昧な約束を交わすことがあります。これは，社交辞令であったりお世辞だったりするので，確約されたものではありません。

　しかし，ASDの子どもは，このファジーな言い回しに含まれる曖昧さを理解できにくい傾向があります。明確にはっきりと言わないで，言葉の余韻の部分を大切にするのは日本語らしさとも言えますが，誤解からトラブルになることもよくあります。指導では，わからない時は，はっきりとした情報をお互いが確認し共有することの大切さや，メモや文字に残しておくことを教えていきます。

【他人の期待の感知】

　「○○はどんな人？」の問いかけには，具体的な質問内容はありません。しかし，問いかけた人はたぶんこんなことを聞きたいのだろうと，答える側が推測することで会話が成立します。このような人物紹介には，その人の様々な側面がありますから，相手の期待を感知する力が必要になりますが，ASDの子どもは一方的な思いこみやデジタル的・事務的な返答が多くなります。指導では，相手の期待を感知できない時は，逆に質問して何を聞きたいのか確認することの大切さを教えていきます。

【ことわざの理解】

　ことわざは，成り立ちや使い方を理解していないと，その意味を取り違えてしまいます。ことわざの比喩表現が納得できないで，字面の言葉だけで理解しようとするASDの子どもがいます。指導では，言葉には比喩や例えを使った表現方法があることを理解させるとともに，ことわざの適切な使い方で会話がスムーズに進んだり，やわらかくユーモアのある表現になったりすることを教えます。

【四字熟語の使い方】

　デジタル思考を得意とするASDの子どもは，四字熟語や公式を好む傾向があり，とてもよく覚えています。そのためスピーチや会話で不適切に四字熟語を多用して，スピーチ本来の内容が伝わらないことがあります。指導は，スピーチや会話は相手に話す内容が伝わることが何より大切であることを教えます。もし，聞き手が理解できていない時は，意味を補足したり簡単な言葉に置き換えたりすることを学ばせます。

※「メタ言語」とは

　他者との言語活動で言葉を客観的に捉え，正しく認識・分析・推理する能力のこと。

　自分の言葉をモニタリングし，他者とのやりとりを修正できないと，一方的な発話になってしまう。

　話し手と聞き手の関係や文法の理解ができるようになって，比喩的表現・冗談・なぞなぞの世界が獲得される。

マンガ　対人との距離感

　トム君がみきさんに顔を近づけて話しかけています。学年が進み異性の友だちと接する時の顔の距離感は生活の中で徐々に体得していくものです。しかし，ASDの子どもの中には，その距離感が極端な場合があります。本人は周囲の感じる違和感がないので，エチケットとしての距離を示しましょう。

マンガ　歩調を合わせる

　トム君が勝手に先へ行ってしまうので，みきさんは追いつくのに苦労しています。二人で歩く時は，相手の状態を見ながら歩調を合わせる心遣いが求められますが，周りの状況把握ができずに自分の行動を優先してしまいます。その結果 ASD の子どもは協調性が乏しいと思われてしまいます。

行動・感情のつまずき
①うまく人に合わせられない子どもたち

　学校の集団活動では，私語を慎むよう指導されますが，無言の活動中であっても，アイコンタクトや身振り手振りで意思の伝達や情報交換は必要になります。
　しかし，ASDの子どもは，この非言語コミュニケーション（顔の表情，身振り，姿勢，視線，スキンシップ，相手との距離感）を理解することが苦手です。そのため，集団活動の失敗が多くなり，社会性（公共心，協調性）の評価が下がり，自分勝手な子どもという不適切なレッテルを貼られてしまいます。

【対人との距離感】
　一般にASDの子どもは視覚が強いと言われていますが，視覚的に理解する空間や距離を見分ける「対人的空間（プロクセミックス）」の操作は苦手とされています。この「対人距離」の課題については，相手との親密度が距離に影響することを，エドワード.T.ホール（米国）が「密接距離は15cm〜45cm，個体距離は45〜120cm，社会距離は120〜360cm，公衆距離は360cm以上」の段階で示しています。曖昧な人との距離感を体得していくためには，具体的な位置関係や長さ（センチメートル単位）で示すことにより，少しずつ人との適切な距離感をつかむことができるようになります。

【歩調を合わせる】
　他人と歩調を合わせたり，せかしたり無理強いをしないで歩くには，その場の状況把握が必要です。学校では，集団登下校や遠足で必要となるスキルですが，相手の疲れている表情の読みとりや大変さに気づかず配慮ができな

いASDの子どもがいます。指導は，一人の歩調と二人の時や集団の時の歩調の違いを体験させます。また，歩幅の長さや体力の違いを数値で確認させることも理解につながります。

「各年齢に見られる社会適応の問題」

【幼児期前期　1〜2歳】	【小学校中学年期〜中学校期】
◇象徴的伝達手段の発達と対人的な遊びの遅れが主な問題として現れる。 ・指さしやことばの発達の遅れ ・ふりや見立ての遊びが少ない 【幼児期後期　3〜5歳】 ◇言葉が急速に発達するがその使用に問題がある。また，集団内で適切に行動できなかったり友人とうまく遊べないことが多い。 ・人の話を聞かずに一方的に話すので，会話が成立しにくい 【小学校低学年期】 ◇会話力や友人への興味が発達してくるが，その力がまだ未熟なのでトラブルが多い。 ・自分の思い通りにならないとパニックやけんかになりやすい ・集団のルールや遊びのルールの理解が難しい ・一緒に遊ぶ友だちが少ない	◇学校生活に必要な基本的な能力が発達することと，教科学習の問題が前面に現れることで，コミュニケーションと社会適応の問題は潜在化するが，次のような問題を抱えている。 ・比喩的な表現や冗談の理解が難しく，言葉を真にうけてしまいやすい ・人の嫌がることをしたり言ったりしてしまう ・「ノー」がうまく言えず，嫌なこと，したくないことにも応じてしまう ・親しい友人ができず，淋しい思いをしている ・友人からからかわれたり，いじめられたりされやすい 【思春期以降】 ◇社会的常識とソーシャル・スキルの不足が大きな問題となってくる

〈「通級指導教室におけるLD児のコミュニケーション指導について」大西潤喜　花熊曉
（愛媛大学教育学部障害児教育研究室研究紀要第23号）　より一部引用〉

マンガ　相互的行動

　ただし君は，落ち込んでいるトム君を見て励まそうとしています。トム君の気持ちを察すると同時に，仲間として何をすべきか考えた行動です。そのためには自分がトム君の立場であれば，周りに何を期待するのかという相互関係を理解し，好ましい対人関係をつくろうとする実行力が必要になります。

マンガ　感情調和

　算数が苦手なトム君は自信をなくしています。ただし君は，その様子を見てトム君の気持ちを傷つけないよう言葉を選びながら，計算のアドバイスをしています。相手の感情を理解して積極的にアプローチするためには，他者への関心と適切な表現力が必要になります。

行動・感情のつまずき
②人の気持ちが理解できない子どもたち

　ASD の子どもは，社会性の質的なつまずきとして感情理解の困難さがあります。それは，「怒り，悲しみ，恐怖，喜びなど」を伴った非言語の情報（顔の表情や身体の動き）や行動・態度の真意から，他者の感情を的確に理解し対処することが苦手だからです。

　これらの感情理解には，場面状況の把握と文脈理解が必要となりますが，いずれの領域も ASD の子どもは苦手です。

　行動・感情理解のつまずきには，「心の理論」の課題が関係しており，様々な非言語情報と言語理解力も影響しますから，生活での総合的体験活動をとおして，あせらずに根気よく見守り社会性を養っていくことが大切になります。

【相互的行動】

　友人の感情を理解することが苦手な ASD の子どもがいます。理由は，顔の表情や態度に表れる感情を読みとる能力が弱いためです。その結果，無礼で無神経な子どもと思われて損をしてしまいます。指導の第一段階は，価値観の違いや情緒の段階づけの学習を繰り返して，知識面から感情理解について教えていきます。第二段階は，さらに発展させて友愛行動をパターン化して教えていきます。知識や理論で学んだことを学校生活でフィードバックできれば，その結果を振り返って称賛します。

【感情調和】

　思いつきの言動で，相手の気分を悪くしてしまう子どもがいます。相手が，学習や運動の不得意さを自覚しているような場合には，何気ない些細な言葉

が相手を傷つけることになります。指導では，アサーション学習をとおして，相手の立場や気持ちを配慮したより良い表現とはどのようなものか考えさせます。お互いの感情を調和させることで，周囲からの信頼も得られることを教えていきます。

> **コラム** 「心の理論」と社会適応
>
> 　ASDの子どもの発達過程を縦断的，横断的に見ると，コミュニケーションと集団（社会）適応の問題は，幼児期から小学校低学年期に目立ったあと，小学校中学年期から中学校期には教科学習の問題の陰に隠れて一時潜在化し，思春期以降の時期に再びソーシャル・スキルの問題となって現れることが多くなります。
>
> 　年齢によって困難のレベルが異なる一方，どの時期にも共通した要因が存在します。それは，他者の発話の意図や行動様式の意味を推測・理解し，それに合わせて自己の行動を調節しながら他者との関係を築き上げていくことの困難です。
>
> 　他者とのコミュニケーション能力は，社会生活での対人関係を円滑に築く上で欠かせないものですが，その発達には，他者の気持ちや考えを理解する力（心の理解能力）が必要とされます。
>
> 　そして，この「心の理論」が育つためには，①狭い意味での言語能力（言語形式と意味の操作能力）に加えて，②視線，表情，身振り，しぐさといった非言語的情報を受けとめる力，③言語情報と非言語情報を統合して相互作用の文脈の中で総合的に解釈する力，④これらの三つの力の育ちを可能にする社会的な経験と学習が不可欠と考えられます。

マンガ 場の状況理解

　トム君がドッジボールをしている集団を横切ってトラブルになっています。昼休みの運動場は，多くの子どもたちが自由に遊びや運動をしていますので，どこで何をしているのか把握する空間認知力が必要です。ASDの子どもは，意識や興味の限局性が強く周辺の状況がよく見えていないことがあります。

マンガ　身辺の状況理解

　トム君は後ろから来ているただし君に気づかずに，ドアを思いっきり閉めています。故意にした行為ではありませんが，状況把握が苦手な ASD の子どもによく見られます。ドアの開閉時には安全面や社会的なマナーとして，身辺の状況に気を配る習慣を身につけさせたいものです。

行動・感情のつまずき
③うまく状況把握ができない子どもたち

　状況把握は，自分の周りの人や物や場所の関係を三次元で認識する空間認知力ですが，同時に自分の身体バランスをイメージする力も必要としています。空間認知力は，発達検査で図形やパズルを用いて測る内容があり，そこからわかる「全体と部分」や「集団と個人」の関係性の理解力が，ASDのソーシャル・スキルの課題とも関連してきます。空間認知力は，視覚や聴覚全体から場の状況をイメージしていく能力ですから，そのつまずきは周囲にはわかりにくく，社会性や対人関係への二次的な影響も少なくありません。

【場の状況理解】
　自由時間の運動場では，どこで誰が何をしているのかを同時処理（瞬時に全体を把握する能力）で判断しながら活動しなければトラブルになります。活動が重なり合っている状況を判断する空間認知能力の弱い子どもは，他の活動に気づかず混乱しています。指導では，同様の場面での失敗経験を文章化させたり，指さし呼称を練習させたりして，視覚の弱さを継次処理（一つずつ順々に分析処理する能力）の確認作業で補うようにします。

【身辺の状況理解】
　他人と自分の距離感や周囲の状況がわからないために，周囲を不快にする行動があります。例えば，後方に人がいるのに突然ドアを閉めるような行動をとる子どもは，自分と身辺の状況理解が苦手なためです。指導は，視覚的な確認を社会的なエチケットとして教えて，生活での注意点をチェックしていきます。乗降時や出入り口での配慮が身につくよう寸劇を取り入れるのも良いでしょう。

「レバインのソーシャル・スキル分類」

A．非言語的ソーシャル・スキル	B．言語的ソーシャル・スキル
挨拶 社会的な場の雰囲気を読み，それにふさわしい行動を取る。 **強化行動** 相手の気持ちを察して，相手をいい気持ちにさせる。 **相互的行動** 友人に親愛の気持ちを行為で表す。 **協力行動** 遊びや仕事で協力する。 **非言語キュー** 視線や身振りで気持ちを伝える。 **歩調をあわせる** 他人と歩調を合わせ，せかしたり無理強いをしたりしない。 **社会的フィードバックへの感受性** 社会的な相互作用の後，どのようにふるまうか知っている。 **他人の行動の理解** 相手の行動の意味や意図を理解できる。 **自分の影響力の認知** 自分が他人からどのように思われているか，また自分の存在がどのような影響を与えるか知っている。 **他人との争いの解決** 攻撃的にならずに，他人の争いごとを解決することができる。 **場の支配** その場を強く仕切らずに，仲間と関係をもつことができる。 **社会的回復力** 人間関係で失敗しても，回復することができる。 **自分の売り込み能力** 仲間に受け入れられるように自分のイメージを作り上げることができる。	**自分の気持ちを伝える能力** 自分の気持ちを誤解されずに正しく伝えることができる。 **他人の感情を読む力** 他人の気持ちを，他人の言葉から読みとることができる。 **仲間言葉の理解** 仲間同士の特別な言葉遣いをうまく行うことができる。 **話題の選択と維持** いつ，どのような話題を，どのくらい続ければよいのかを知っている。 **ユーモアの使用** 適切なユーモアを会話に込めることができる。 **話し方の切り替え** 聞き手の種類によって話し方の切り替えができる。 **他人の期待の感知** 相手が何を知り，何を期待しているのか知っている。 **上手な依頼** 相手を傷つけないように依頼ができる。 **誤解の解消** 言葉による誤解を解くことができる。 **感情調和** 相手の気分をよくするような話し方をすることができる。

マンガ 空間の構造化

　トム君は，初めての建物でトイレの場所を先生に聞いています。先生は，現在地からトイレまでの道順を口頭で説明しましたが，トム君は左右や方向をイメージするのが苦手で，指示を覚えることができませんでした。そこで，先生は簡単な「地図」を書いて視覚的に説明することにしました。

マンガ　時間・ルールの構造化

　トム君は，お母さんと約束したゲームをやめる時間になりましたが，途中で止めたくないと言っています。ゲーム終了の時間は約束なので，お母さんが「時間のルール表」を見せています。生活の中で終わりの時間を決めて視覚化しておくことは，見通しの苦手なトム君には必要な支援ツールです。

行動・感情のつまずき
④うまく見通しが立てられない子どもたち

　生活の見通しが苦手である ASD の支援手法として，※「構造化」の意義が重視され，様々な実践化がなされています。現在，学校では，校舎や教室内の「物理的構造化」について特別支援学級の教室を中心として，場所と活動を一致させるための構造化が行われています。また，「時間的構造化」については，日課表や，課題別の「細やかなスケジュール表」で時間的流れを示して，学習や物事の見通しがわかりやすいように工夫されています。

　構造化は，ASD の子どもにとっては，生活上の道標であり，一般社会での母国語や交通標識とも言うべき必要不可欠なものです。しかし，近年は構造化の理解が進み個別の対応が求められるようになったことにより，学校では全ての子どもに使えるものと，個々の特性に応じたものとを区別しなければ実践が難しくなっているのも事実です。特に，学校の校舎改修や行事の全てを個別に構造化するのには限界があります。

　構造化は，地図やスケジュール表を視覚的に見せることにより，ASD の子どもの不安を軽減し安心して過ごせる環境をつくるという利点があります。しかし，集団生活の中でどこまで構造化ができるのかについては，個別支援計画等で学校と家庭が密接に連携し，子どもの判断や発達段階を尊重した上で慎重に決定していきましょう。

【空間の構造化】
　時々迷子になるとか，方向感覚がどうも苦手という人はいますが，慣れた校内を迷ってうろうろしていたり，いつも教室を間違えたりするのでは困ります。これは，空間を平面に置き換えられていないためです。指導では，空間を二次元で理解させるための地図や模型を使います。また，遠足など初め

ての場所では，言葉の案内だけでなく，経路を示した地図を使うことで自分から見通しを立てさせるのもよい経験になるでしょう。

【時間の構造化】

学校は，校時表で分刻みの予定が立てられていますが，家庭でもスケジュール表を使うと，生活の流れがスムーズになります。しかし，ゲームなど夢中になることがあると予定を守れないこともあります。

そこで指導においては，時間の管理と同時に，例外を認めないことが大切になります。せっかくの時間表が，絵に描いた餅にならないためには，行動療法での約束（自己決定と自己責任の関係）を実行しなければ意味がありません。

【ルールの構造化】

授業や行事でパニックや不適応を起こす子どもがいます。理由は，終わりがわからなかったり，予定が守られなかったりするからです。

例えば，留守番においては母親が帰宅時間を示し，予定を守ることが大切です。見通しの不安を取り除くポイントは，ルールや約束での例外をつくらないことです。学校行事（運動会・音楽会）の練習で，先生が「これで最後にします」と言っておきながら，できなかったことを理由に，再度の時間延長をして約束を破ってはいけないということです。予定変更や時間厳守は指導者から厳守しなければいけません。

※「構造化」とは

米国のTEACCHプログラムで提唱された手法。状況把握，不注意，見通しの苦手なASDの子どもに対して，場所や時間，活動のルールを明確に示す。構造化が子どもの自発的な活動を促すことになり，二次障害（パニック・自傷行為）の予防になる。

マンガ　ルールの理解

　トム君は，何をするにも一番へのこだわりをもっています。休み時間の滑り台でも，一番にすべりたくてトラブルになっています。ASDのこだわりのひとつですが，周囲からは厳しく非難されます。障害特性として許される範囲と集団生活のルールとして身につけるべきスキルを明確に指導します。

マンガ　協力行動

　ただし君は，トム君が両手で荷物をもっているのを見てドアを開けてあげました。ちょっとした気配りですが，日常生活で必要とされるスキルです。「助ける－助けられる」関係性の理解と，その行為の結果を予測する能力が集団生活でのより良い対人関係を構築するためには必要になります。

マンガ　自分の売り込み能力

　ただし君は，みきさんがバケツを重そうに運んでいるのを見て，誰かが手伝ってくれると喜ぶだろうと思いました。そこで，自分の係を後回しにして，今困っている友人を手助けしようと決めました。このように物事の優先順位を判断し，集団に寄与する能力は，周りから高い評価を得ることを教えます。

マンガ 上手な依頼

　エリさんは，机の下にゴミが残っていることを知らずに掃除をしています。それに気づいたみきさんは，エリさんのプライドを傷つけないよう配慮しながら依頼しています。相手の立場や気持ちを察して，思いやりのある言葉によって，集団生活の各々の役割がスムーズに展開していくことを教えます。

エリさん，頑張っているけれど机の下のゴミに気づいてないのね。

エリさん，忙しいところ悪いんだけど，この机の下のゴミもはいてくれないかしら？

うわぁ！　本当。机の下のゴミに気づかなかったわ。みきさん，教えてくれてありがとう。

みきさんはエリさんを傷つけないように机の下にもゴミがあることを教えてあげたのね。思いやりのある言い方がすてきね。

第2章　発達障害への「つまずき」理解とサポート

集団生活のつまずき
①集団生活に適応しにくい子どもたち

　集団生活の中で ASD の子どもは，他者の気持ちや場面状況の理解が苦手で，「遊びのきまり」や「暗黙のルール」を守れないことが重なり，失敗経験も多くなり自尊感情を損なうことがよくあります。
　また，思春期になると，生活の中で他者からの視点や評価が必要になります。学校生活では個々の「役割遂行」が求められるようになりますが，ASDの子どもは，集団生活に順応をするための自分の役割や周囲への配慮，協調性といった社会性の獲得が幼く，周りの子どもとの生活に歪みが生じます。
　学校では，ルールを守ることや間違いを指摘されたら修正することが常に求められますので，自らの行動を振り返り気持ちの折り合いをつけるためのセルフモニタリングが必要になります。「役割遂行」については，高学年以降の自主的な活動（掃除や委員会活動等）で獲得すべきスキルになりますが，ASD の子どもは自他の感情理解が苦手であるため自分勝手な言動になりがちです。そこで，アサーション（相手の立場や気持ちを推測し自らの役割を自覚した言動）を習得することができれば，友人からの良い評価が得られ集団参加への自信にもなります。

【ルールの理解】
　常に一番にこだわる ASD の子どもがいます。集団や遊びの中でのルールや規則は頭では理解できるのですが，勝敗や順番へのこだわりが強くて，感情のコントロールができなくなってしまいます。しかし，年齢が上がると許される行為ではありませんから，失敗経験を重ねることになります。指導は，こだわりを認めつつ望ましい行動パターンを示し，ルールや目標を達成できた時は，※「強化」による刺激や評価を増やして自信を育てていきます。

【協力行動】
　友人の行動を見ながら，次の予測を立てるためには，「継次処理能力（一つずつ順々に分析処理する能力）」と「同時処理能力（瞬時に全体を把握する能力）」が必要になります。どちらか一方だけが優位だと，全体の流動的な展開がわかりにくくなります。指導は，イラストの配列や文脈を考えさせる学習をとおして望ましい展開を予測させたり，自他の心情の変化（情緒の段階づけ）を考えさせたりします。

【自分の売り込み能力】
　ASDの特性から生活での失敗経験が多くなり，集団からの疎外感をもち，被害者意識が強くなっている子どもがいます。指導では，仲間に受け入れられ高い評価を得るためには，生活での友人への配慮や親切な言動が効果的であることを教えます。また，他人からの評価を待つだけでなく，積極的に自分の良さを売り込むことの必要性も考えさせます。

【上手な依頼】
　相手の失敗や誤りを遠慮なく指摘して，周囲から疎まれてしまうASDの子どもがいます。自分が正しいと思って注意したことが，周囲に受け入れられないことでさらに失望感を強くします。指導は，相手を傷つけないように配慮しながら，上手に指摘や依頼をする方法を教えていきます。具体的な場面を設定したロールプレイングで相互に役割を交代して，アサーティブな（相手を思いやる）表現によって感じ方が違ってくることを体験させます。

※「強化」とは
　より良い行動を習得させるための条件付け学習で，刺激と反応を結びつけ，行動結果に対する評価としての褒美やペナルティなどの強化子（強化刺激）をさす。

マンガ　着替え

　トム君がTシャツの前後がはっきりしなくて何度も着替えたり，前後逆に着たりしています。ASDの子どもは，年少時に「自他の関係性の混乱」による逆バイバイ（手のひらを自分に向けて振る）をしますが，同様にシャツも自分から見た前側を向けたまま着ることが多いので前後の目印が必要です。

マンガ　トイレ

　トム君がトイレでズボンを床まで下げています。要因としては「感覚過敏と習慣化」が考えられます。幼児期のゴムズボンはファスナーがついていないので，途中まで下げて用をたすことが習慣になっています。しかし，感覚過敏がある子どもは途中でとめる感触を嫌うため下までおろすことが多くなります。

マンガ　清潔

　トム君が，手を洗いたくないと言っています。ASDの子どもは「感覚刺激の過敏さ」から，手で水や砂・土などを触ることに抵抗を示す場合があります。障害特性と理解しながらも，清潔で健康な生活習慣を確立するために無理なく計画的な療法や手だてが必要になります。

マンガ　感謝の言葉

　トム君が買い物をしてレジの人に「ありがとう」の言葉を伝えています。挨拶は，ソーシャル・スキルの中でも基本となるものです。感謝の言葉を伝える挨拶は，「意味の理解・応答のタイミング・感情の表現・関係性の構築」など将来のコミュニケーション能力につながる社会的スキルを含んでいます。

集団生活のつまずき
②集団生活のスキルが苦手な子どもたち

　学校教育では，学習指導要領総則（文部科学省）において「基本的な生活習慣」や「社会生活上のきまりを身に付け」「自主的に健康な生活を実践すること」に配慮した指導の大切さが示されています。

　しかし，ASDの子どもは，「生活の様式，日常生活の手順，清潔や食事の習慣など」にこだわりが強く，基本的生活習慣の確立が困難であり，周囲からの指摘や批判を受ける対象になりがちです。

　ただし，これらのこだわりの中にはASD特有の理由がありますから，集団生活に適応できない理由のうち，合理的配慮の対象となることについては，家庭と学校の一貫した支援が必要になります。

　また，挨拶も重要な教育活動になりますが，子どもたち全てが挨拶の意味やコミュニケーションとしての意義を深く考えているわけではなく，通常はその場の雰囲気や相手との関係性の中で無意識に使い分けているのです。

　ところが，ASDの子どもたちにとっては，この曖昧な挨拶の仕方がわからずに不当な評価を受けているケースも少なくないのです。

【着替え】

　学校生活では，体育や給食での着替えがよくあります。着替えの苦手な子どもは，時間的なゆとりがない場合にパニックになることがあります。衣服の着脱は，自立のための大切な生活スキルと言えるでしょう。

　指導では，衣服の前後や表裏を視覚的にわかりやすくするために，全ての衣服にタグや目印をつけておきます。家庭と学校が同じ方法でパターン化することにより習慣化させることができます。

【トイレ】

　男子が，トイレでズボンを床まで下げて困るという話があります。高学年になって，校外活動で公共のトイレを使う場合を想定すると，排泄方法の見直しが必要になります。

　指導は，個々の実態（感覚過敏による習慣化等）に応じて修正していきますが，トイレ指導ではモデルを示して，トークン法を取り入れながら強化していきます。しかし，排泄は生命や人権に関わることですから，無理であれば大便用個室の利用も検討します。

【清潔】

　身体を清潔に保つことは，健康面だけでなく社会生活や就労に向けての大切なスキルになります。食事前や戸外から帰った時の手洗いの習慣はとても大切なことです。指導は，ばい菌の学習や視覚的に正しい手洗い方法を教えていきます。知識としての理解やパターン化が得意な子どももいますから，幼少期から習慣化し早期から清潔な生活習慣を確立させましょう。

　しかし，感覚過敏による水を触ることに抵抗がある場合には，障害特性の一つですから無理強いをせず，※「感覚統合療法」や遊びを通して触覚の感覚異常を徐々に改善・克服していきます。

【感謝の言葉】

　語彙が少なくても，周囲から愛されている子どもがいます。逆に，豊富な語彙がありながら，人との関係の中でうまく使えずコミュニケーションのとれない子どもがいます。

　障害者の※「就労移行支援事業」に携わっていると，職場での挨拶ができるかどうか，感謝の言葉が言えるかどうかが就労継続の成否になると言っても過言ではありません。

　指導では，挨拶は素直な感謝の表現であること，感謝の言葉は，誰にとっても気持ちのよい表現であることをスキルとして日々教えていきます。

【挨拶の使い分け】
　「おはよう」と「こんにちは」は，いつから違うのかと疑問に思っている子どもがいます。曖昧な使い分けが苦手なASDの子どもは，悩んでいるうちに挨拶ができなくなり周囲の評価が下がってしまいます。指導は，デジタル的な理解力の強さを利用して，あらかじめ挨拶を切り換える時間を決めておくのも一つの方法です。しかし，何時頃でよいというファジーさも残しておかないと，ますます杓子定規で融通の利かない挨拶になってしまいます。

※「感覚統合療法」とは
　米国の作業療法士であるエアーズによる発達障害の子どもへのリハビリテーションのひとつ。触感覚や前庭感覚，固有覚での感覚情報処理が重視される。感覚統合は，環境の中で自分をより良く適応させるための感覚情報処理過程のこと。
　感覚過敏の「感覚調整障害」と，身体機能（不器用）の「行為機能障害」について治療的介入をする。
　感覚統合能力の評価は，感覚統合検査等が用いられる。

※「就労移行支援事業」とは
　障害者総合支援法で定める就労系障害福祉サービスのひとつ。
　企業等への就労を希望する65歳未満の障害者に対して「職場訓練，求職支援，職場の開拓，職場定着の支援」を行う。
　通常の事業所に雇用されることが困難な場合は，就労継続支援A型事業と就労継続支援B型事業がある。

イラストを使った指導・サポート
①イラスト資料による学習方法

　ASDの子どもには，知的発達に遅れは見られないものの「心の理論」に関連する非言語情報の読み取りや，対人的なやりとりにおける曖昧さ（アナログ的な思考）の理解が困難な場合が少なくありません。バロン・コーエン（Baron-Cohen et al., 1985）の「サリーとアンの課題」で測られる「他者の心的状態を表象する力」の弱さが原因となって学校生活の不適応が生じているケースも見られます。そこで，「場の理解・状況判断」や「内言語」を考える会話文学習を通して，状況や情動の変化を考えさせる必要があります。

　ASDの子どもは，イラストを使った学習を重ねることで，状況理解が徐々に正確になっていきます。しかし，内容理解は絵の吹き出しに書かれたセリフに限られることが多く，登場人物の感情を表現する言葉がわからなかったり，相互の立場を推測した会話が予測できなかったりします。その根底には，他者の気持ちを察することができないという問題があるからです。

　心の理論を「自他の心的状態を認識すること」とするならば，そのためにはまず〈他者の心〉についての意識と，それに気づく〈自己〉がなければなりません。そこで，絵には二者間だけでなく三者間の心のありようを想像させる場面や発話としては表れないが確かに存在している〈人の思い〉を推測する学習を通して，人の気持ちを察することの大切さに気づかせていきます。

- ●絵に登場する人物が置かれている状況や立場を正しく認識し，その場面における人物の関係を把握する。
- ●絵の場面から出来事の時間的関係を推測し時間的な流れに沿ってやりとりを理解する。
- ●それに加えて，表情やしぐさから登場人物の気持ちを推察する。
- ●他者のやりとりを見るもう一人の他者といった「入れ子構造」の場面で，登場人物の気持ちや考えを推察する。

イラストを使った指導・サポート
②統語面の指導

　ASD の子どもは，言語的な知識や語彙に関する問題をもっていなくても，話し言葉で「あげる－もらう」の表現に誤りがあったり，書き言葉でも関係語や「能動態－受動態」の文法上の統語面の間違いを示したりします。そこで，様々な場面・状況のイラストで登場人物の相互関係を理解させます。「おこる－おこられる」のような状況を設定することで，立場や主観的な世界の違いが動詞の能動態と受動態によって区別されるようになります。しかし，その理解のためには，正しい状況把握と人の心を読みとる力が必要になります。

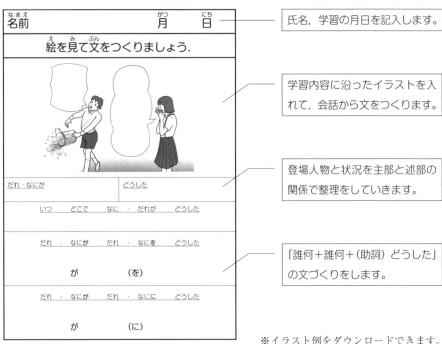

資料1　統語面の指導

※イラスト例をダウンロードできます。
　方法は7ページ下をご覧下さい。

名前（なまえ）		月（がつ）	日（にち）

絵（え）を見（み）て文（ぶん）をつくりましょう．

イラストの中からコピーして添付します。

だれ・なにが	どうした

いつ　　どこで　　なに・だれが　　どうした

だれ・なにが　　だれ・なにを　　どうした

　　　　が　　　　　　（を）

だれ・なにが　　だれ・なにに　　どうした

　　　　が　　　　　　（に）

イラストを使った指導・サポート
③語用面の指導（やりとり文脈の理解）

　ASDの子どもは，文法上の誤りがない場合でも，状況把握や文脈理解のまずさから発話と応答の関係が成立しないことがあります。そこで，わかりやすい身近なテーマをとりあげて，やりとり文脈の理解をはかる学習をします。イラストを見ながら「①いつ，②どこ，③だれとだれが，④どうした」という会話の背景にあるプロットを確認させていきます。そして，そのあと絵に登場する人物のセリフや関係から話全体の文脈を考えて，自分なりの感想を書き込む学習を行います。

資料2　語用面の指導（文脈理解）

※イラスト例をダウンロードできます。
　方法は7ページ下をご覧下さい。

| なまえ
名前 | | がつ
月 | にち
日 |

絵のお話を説明しましょう．

```
イラストの中からコピーして添付します。
```

○ だいめい
　題名

○ はなし
　話のあらすじ

○ あなたは，この話をどう思いましたか？

イラストを使った指導・サポート
④言語的な推論学習

　語用面へのアプローチに並行した取組のひとつに論理的思考に基づく「推論学習」が必要になることがあります。人が人に向かって言葉を発する背景には，豊かな心情が横たわっているものです。発話にはその表面上の意味以上の多くの意味が含まれています。また，無言の問いかけや相手の気持ちを予想した発話もあります。こうした発話の底にある心情的な含みは，主にパラ言語（発話のプロソディー）と非言語情報（発話に伴う表情や身振り）によって伝えられるので，絵のセリフだけでは理解しにくいものです。

- 氏名，学習の月日を記入します。
- 学習内容に沿ったイラストを入れて，話の続きを考えます。
- イラストに記入した会話の続きとして，登場人物の会話や内面の思いを考えていきます。
- 会話の状況理解や前後関係・統語面語用面の指導に留意します。

※イラスト例をダウンロードできます。方法は7ページ下をご覧下さい。

資料3　言語的な推論学習

名前		月	日

話の続きを考えましょう．

```
イラストの中からコピーして添付します．
```

NO	登場人物	言葉（心の中の気持ち・表情・身振り）
1		
2		
3		
4		
5		
6		
7		
8		
9		
10		

イラストを使った指導・サポート
⑤自他の感情や登場人物の性格を推測する学習

　より良い対人関係の構築に必要である〈心の理論〉とは，他者の気持ちの理解であると同時に，自己の〈心〉を意識することでもあります。イラスト学習では，「①場面状況の理解，②文法の理解，③文脈の理解，④語用面の理解」と課題が進むにつれて，自他の感情を理解する能力も必要になります。

　例えば，登場人物が怒っている場面を描いた教材では，なぜ登場人物がそんなに怒ったのかという場面の理解に加えて，その怒りがどの程度だったのかを自己の経験と照らし合わせて，客観的に判断することが大切になります。

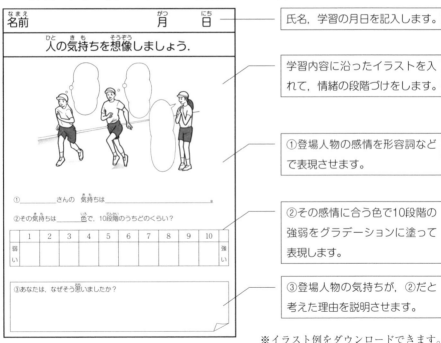

資料4　自他の感情を推測する学習

※イラスト例をダウンロードできます。方法は7ページ下をご覧下さい。

名前(なまえ)	月(がつ)	日(にち)

人の気持ちを想像しましょう．

```
┌─────────────────────────────┐
│                             │
│                             │
│   イラストの中からコピーして添付します。   │
│                             │
│                             │
└─────────────────────────────┘
```

① _____ さんの 気持ちは _____ 。

② その気持ちは _____ 色で，10段階のうちどのくらい？

	1	2	3	4	5	6	7	8	9	10	
弱い											強い

③ あなたは，なぜそう思いましたか？

なまえ 名前		がつ 月	にち 日

登場人物のキャラクターを考えましょう.

イラストの中からコピーして添付します。

とうじょうじんぶつ 登 場 人 物	せいかく そうぞう キャラクター（性格）を想像しましょう

第3章
周りの子と一緒に進める特別支援教育

　平成19年に特別支援教育が始まり，通常の学級の中に在籍する発達障害の子どもの存在が公的に認知され，その子どもたちへの支援も明確化されてきたわけですが，教育現場における特別支援教育への関心の高まりを振り返ると，依然特別支援学級と通常の学級の間に隔たりがあるのも事実です。

　特別支援教育の理念は，障害や発達課題がある全ての子どもの支援であり，具体的には一人一人の障害や特性に適した教育環境の整備と進路の保障です。しかし，一口に障害特性の理解と言っても，その状態は子どもによって実に様々です。たとえば，身体の障害と自閉症の認知面の障害では，支援内容が正反対になることもあります。

　第三章では，こうした特別支援教育の現状を考え，特別支援学級の中における理解啓発に努めるだけでなく，通常の学級の子どもたちとともに障害を理解していこうとするための資料です。小・中学校の多感な時期に，障害について学び考えるということは，将来の共生社会づくりの第一歩になるはずです。そのためには，道徳や総合的な学習の時間を通じて共感し感動できるプラスの出会いが必要になります。また，学年の発達段階に応じて，様々な障害について学習し体験した子どもたちが，これからの特別支援教育をさらに前進させてくれることを期待します。なお，5つの資料は子どもたちだけでなく，保護者会等でも活用していただければと思っています。

全校体制で理解と支援を進めるアプローチ

①交流教育でわかり合うことの素晴らしさを学ぶ

　障害のある子どもと障害のない子どもが，同じ地域の小・中学校で過ごす義務教育の間に，交流教育でお互いを理解し合うことの素晴らしさを体験させましょう。

　小学校の集団生活に適応することは，どの子にとっても将来の社会自立への第一歩です。でも，障害のある子どもにとっては，周りの子どもができることを，自分はできないという経験をすることになります。「一人で登校できない」「みんなと一緒に活動できない」「掃除ができない」といった，自分と周りとの違いを知ることになります。

　そんな時，周りの子どもたちが「手をつないで登校する」「一緒に校庭で遊ぶ」「雑巾しぼりを手伝う」といった自然なふれあいをよく目にします。子どもたちは，障害を理解したり支援したりしようとしているわけではありません。ただ一緒に過ごすことで，自分ができることは何かと考えたり，友だちの役に立ったりすることの喜びを経験しているのでしょう。これは，難しい理論や理屈ではありません。ただ一緒に過ごすことで，お互いがわかり合える教育の基本なのです。

　障害は「助けてあげる＝助けてもらう」ことではなく，一緒に手をつないで歩いていくことだという関係ができると，対等な子ども同士の交流になります。場合によっては，けんかしたり，仲直りしたりすることで，社会性やコミュニケーション力が自然と身についていきます。交流教育が，全ての子どもたちの大切な人権教育の場になるようにしたいものです。そして，特別

支援教育の推進のために全校体制で取り組んでみましょう。

- ・遊びや日常生活の交流でわかり合える
- ・子ども同士の自然なふれ合いや体験が大切
- ・対等な関係から本当の人権意識が生まれる
- ・人権教育の確立は，特別支援教育の推進

②総合的な学習の時間に主体的な活動を行う

　総合的な学習の時間の中で，障害のある人について学ぶ授業あります。その多くは，身体障害の体験学習をとおして障害の疑似体験をします。視覚障害のアイマスクによる歩行体験，下肢麻痺の車いすの乗降体験，聴覚障害のイヤマフ・耳栓での難聴体験です。最近では，発達障害の認知面の疑似体験も多くなってきました。

　しかし，ただ単に体験学習を行えばよいわけではなく，それを問題の解決や探求活動の意欲に結びつけていかなければ意味がありません。体験学習が興味本位の一次的なものになったり，「たいへんだなぁ」「かわいそうに」といった憐憫の思いになったりしたのでは逆効果です。体験学習だけを，教育課程の一環として取り上げるようなことをすると，意味のない一過性の活動で終わってしまいます。

　そこで，日頃の交流教育や生徒指導との関連を図りながら，学級の子どもの理解力や発達の程度をみきわめるタイミングが必要になります。体験学習は準備や外部との連携があり，年間計画に位置づけたものになりますが，日々の教育活動の中で担任が必要だと思った時に実施することも必要でしょう。

　総合的な学習の時間は，学校行事や特別活動との関連も大切です。特別活動の体験学習では，校内の特別支援学級や校外の特別支援学校との取組が有意義です。しかし，そのためには事前に子どもたちと話し合って，意図的・計画的な体験学習として位置づけることが大切になります。体験学習では障

害についての理解を深めることだけでなく，子どもが主体的に取り組めるようにしたいものです。主体的な活動が，いずれ共生社会の第一歩となるのではないでしょうか。

③道徳の授業で学び，そして実践する力をはぐくむ

　道徳の目標「道徳的な判断力，心情，実践意欲と態度を育てる」は，週1回の道徳だけでは達成できません。特に障害について学ぶ機会は限られますから，道徳の授業以外で様々な考える場と時間を工夫したいものです。そして，学び考え実践できる子どもが一人でも多く増えることを願い，補助資料とその展開例を用意しました。

	題材名	資料の概要
1	まあちゃんのこと	聴覚障害のある友人「まあちゃん」が，「聞こえや言葉」を獲得していくために頑張っている姿をとおして，障害に立ち向かうことの大切さを考えます。
2	てんちゃんのこと	ADHDで多動の「てんちゃん」が，二人の先生との温かいふれあいをとおして，信頼関係を築き落ちついていく様子から，障害を理解することの大切さを考えます。
3	きよ君のこと	ASDの弟「きよ君」とその兄が，「集団への適応」について葛藤しながら，兄弟の深い愛情を確認していく姿をとおして，仲間としてなすべきことは何かを考えます。
4	弟のこと	身体に障害のある弟が，柔道と出会いその中で自分の障害と向き合い，祖父や仲間の励ましを受けながら成長していく姿をとおして，困難に負けない強さを考えます。
5	姉のこと	ターナー症の姉が，母親の厳しくも深い愛情に支えられながら，強くたくましく学校生活を送る姿をとおして，なぜ周りの人に感動と勇気を与えたのかを考えます。

【補助資料の活用について】

「てんちゃんのこと」「きよ君のこと」（道徳授業展開例）では，発達障害の子どもと担任やクラスメイトの関わりをとおして信頼の大切さについて考え，障害があってもなくてもともに理解し合うことの素晴らしさ，そして学校や学級が安心できる場所であることの意味を話し合って欲しいと思います。

【補助資料の活用について】

「まあちゃんのこと」「弟のこと」「姉のこと」（道徳授業展開例）は，身体面の障害がある家族や友だちの強くたくましく生きる姿をとおして困難に立ち向かう勇気について考え，家族や仲間がともに生きていこうとする話です。

指導にあたっては，まず，障害があることで普通にできるはずの生活が送れないということに気づかせることが必要です。それぞれの内容項目は異なりますが，障害があっても人間のもつ強さやたくましさについて十分に理解できるように心情を高めることが大切になります。

そして，疑似体験や身近な生活の中にある様々な障壁について考えさせることで，身体の障害についての理解を深めていきたいものです。

※場面絵をダウンロードできます。方法は7ページ下をご覧下さい。

題材名「まあちゃんのこと」

【概要】

内容項目 小学校 1・2年	B　主として人との関わりに関すること 友達と仲よくし，助け合うこと。 〈友情，信頼〉
ねらい	人工内耳の手術をするまあちゃんの聞こえや言葉の障害から，難聴や構音障害があることによる困難さに気づき配慮の大切さを学ぶ。
障　害	［聴覚障害］伝音性難聴（外・中耳障害）と感音性難聴（内耳，聴神経脳障害）があり，聞こえの程度により補聴器・手話・人工内耳・FM補聴器などのコミュニケーション手段がある。

【展開】

活　動	留意点
1　作者や友人は，まあちゃんの発音や手話をどう思っているのか考える。 2　まあちゃんが手術をすることになった理由を考え「難聴や人工内耳」について知る。 3　難聴は，手術でも簡単に治らないことを知った時の作者の驚きと不安について考え話し合う。 4　聞こえや言葉の問題が，自分たちの学習や生活にどのように影響するのか考え話し合う。	○発音の不明瞭さや手話に周りの友人が違和感をもっていることに気づかせたい。 ○聴覚のしくみや人工内耳について学習して，まあちゃんが難聴を改善したいと願う心情を理解させたい。 ○作者が難聴を理解しようと思っている理由を考えさせたい。 ○本題材をはなれて，自分の身近にある問題として，体験学習を取り入れながら考えさせたい。

【評価】

①異質な発音や手話に対する偏見に気づくことができたか。

②聴覚障害の困難さについて学び，障害を改善しようとするまあちゃんと作者の行動に共感することができたか。

③体験学習をとおして，実践への意欲をもつことができたか。

名前 (なまえ)		月 (がつ)	日 (にち)

「まあちゃんのこと」をまとめてみましょう！

1　ともだちは，まあちゃんのことを　どう　おもっているの？

2　まあちゃんが，しゅじゅつをしたのは　どうしてだろう？

3　まあちゃんの　きこえが　かんたんに　なおらないと
　わかったときの　さくしゃの　きもちは？

4　みみがきこえないと，どうなる？　どうして　ほしい？

まあちゃんのこと

　まあちゃんは，なかよしの友だちです。ぼくは4月からまあちゃんと 同じ クラスになって，はじめて まあちゃんの耳が聞こえていないことを 知りました。まあちゃんの声は，ぼくたちとちがいます。なにを 言っているのか よくわからない時があります。でも，そんな時は，ぼくとまあちゃんは「手話」のサインで話します。まあちゃんとぼくが，手をうごかしながら 話をすると，いつもへんな顔をする子がいます。でも，ぼくはまあちゃんと 手話で話ができるので うれしいです。

　9月に，まあちゃんは 耳の中に きかいをいれるしゅじゅつをしました。先生は，冬休みまでの長い間学校をお休みすると言いました。でも，耳の中に きかいを いれたら みんなの声や音楽が聞こえるようになるそうです。 ぼくは まあちゃんにしゅじゅつを がんばってほしいと 思って 手紙を 書きました。

> まあちゃんへ
> 先生から　しゅじゅつのことを　聞きました。
> ぼくは　まあちゃんの耳が　はやくなおると　いいなあと　思いました。
> 耳が　なおったら　いっしょに　はなしたり　あそんだりしようね。
> まあちゃんが　たいいんして　学校で　あえるのを　たのしみに　しているね。

　1月になって　まあちゃんが　学校に来ると　頭のよこにまるくて　黒いきかいが　ついていました。でも，まあちゃんの声は　まえと同じで　よくわかりませんでした。

　先生が　みんなに言いました。「まあちゃんは，これから　頭の中のきかいと耳が　うまく　はたらくように　リハビリを　がんばります。」まあちゃんは，しゅじゅつをしたけど　ぼくたちと同じようには　聞こえないそうです。

　ぼくは，じぶんの耳を　手でふさぎました。

みんなのこえが　聞こえなくて　とてもふあんで　こわくなりました。

題材名「てんちゃんのこと」

【概要】

内容項目 小学校 1・2年	C 主として集団や社会との関わりに関すること 先生を敬愛し，学校の人々に親しんで，学級や学校の生活を楽しくすること。〈よりよい学校生活，集団生活の充実〉
ねらい	クラスメイトのてんちゃんが，担任の関わりによって変容する様子を見た主人公の気づきから，障害特性を受け入れることの大切さを学ぶ。
障　害	［ADHD（注意欠陥多動性障害）］「多動・衝動性・不注意」を特徴とした行動の障害。出現率は3～5％で男児に多い。症状によりペアレントトレーニング，行動療法，薬物療法が併用される。

【展開】

活　動	留意点
1　クラスメイトは，てんちゃんの行動をどう見ているのか考える。	○授業中の多動について，どうすべきなのか考えさせたい。
2　てんちゃんにやさしく接している田中先生の思いや気持ちを考える。	○田中先生が，てんちゃんの特性を理解し寄りそっていることに気づかせたい。
3　練習に参加させようとして，てんちゃんが泣いた時の山川先生の気持ちを考え話し合う。	○練習に参加させようとして「きらい」と言われた時の，山川先生の葛藤を考えさせたい。
4　てんちゃんは，どうして運動会の練習に参加できるようになったのか考え話し合う。	○山川先生が，てんちゃんを理解したことで，二人の気持ちがつながったことを理解させたい。

【評価】

①てんちゃんの特性を受けとめ，自主性を大切にした田中先生の対応から人権の大切さに気づくことができたか。
②山川先生がてんちゃんとの信頼関係を築くために二人の時間をつくった理由がわかったか。
③てんちゃんの変容から思ったことを発表できたか。

名前	月 日

「てんちゃんのこと」をまとめてみましょう！

1　クラスメイトは，てんちゃんのことを　どうおもっているの？

2　田中先生が，てんちゃんにやさしいのは　なぜ？

3　山川先生が，てんちゃんに れんしゅうで きびしくしたのは なぜ？

4　てんちゃんが，かわったのはどうして？

てんちゃんのこと

　わたしと　同じクラスに，てんちゃんという男の子がいます。てんちゃんは，よく教室の中をうろうろしています。じゅぎょう中，おしゃべりをして　先生やみんなをこまらせています。そんな時，たんにんの　田中先生は，てんちゃんに　やさしく話しかけます。「てんちゃん，今は何の時間ですか。　どうしたらいいのかなぁ。」と。すると　てんちゃんは，うれしそうに　わらいながら，自分のせきにすわります。

　夏休みがおわって，田中先生は　赤ちゃんをうむために　学校をお休みすることに　なりました。

◇

　そして，かわりに，わかい男の山川先生がきました。

山川先生は，はじめて　たんにんの　先生になったそうです。

　うんどう会のれんしゅうが　はじまった時，てんちゃんが泣きました。

山川先生が，れんしゅうをしないで　ブランコに　のっていた

てんちゃんを　みんなのところに　つれてきたからです。

てんちゃんは　泣きながら「せんせい　だいきらい。」と言いました。

山川先生は，とてもかなしそうな　顔をしていました。

わたしは，家に帰って，お母さんに　てんちゃんのことを話しました。

　すると，お母さんは，

「今　山川先生は，てんちゃんのことを　知りたくて

がんばっているのね。」と言いました。

　つぎの日から　ひる休みになると　いつも山川先生と　てんちゃんは，

ブランコをしながら　たのしそうに話をしていました。

てんちゃんは　とてもうれしそうでした。

　それから　てんちゃんは，田中先生の時のように，山川先生のことが

「だいすき。」と言うようになりました。

　そして，うんどう会の　れんしゅうも　すごく　がんばっています。

題材名「きよ君のこと」

【概要】

内容項目 小学校 3・4年	B　主として人との関わりに関すること　友達と互いに理解し，信頼し，助け合うこと。〈友情，信頼〉
ねらい	鈴木先生が，クラブ活動の中で兄の弟に対する深い愛情を知り，同級生として障害を理解し，自ら考え行動することを期待する話から学ぶ。
障　害	［自閉症スペクトラム障害（略＝ASD）］　DSM−5による自閉症を包括した診断名。主な障害は「社会性・コミュニケーション・想像力」。男児に多く，知能指数・症状も多種多様。

【展開】

活　動	留意点
1　チームの人たちは兄の行動をどう思ったか考える。	○チームの一員としての思いや内面にもふれさせたい。
2　兄が，弟とのゲームで手加減をしなかった本当の理由を考える。	○兄が弟の特性を知りながらも，成長を期待している心情について考えさせたい。
3　鈴木先生が，兄の行動から感じたことは何なのかを考え話し合う。	○兄が弟の将来を心配している家族愛に気づかせたい。 ○障害特性を理解し，お互いが尊重し合う大切さを理解させたい。
4　鈴木先生が同級生の子どもたちに伝えたかったことを考える。	○きよ君の障害特性に，どう接していけばよいのか各自の考えをまとめさせたい。

【評価】

①障害のある弟の成長を見守っている兄の心情に気づくことができたか。

②鈴木先生の話から，同級生として具体的に何ができるのか考え，実行に必要な意欲がもてたか。

③兄の深い愛情に共感し，自分の思いや考えを発表できたか。

| 名前 | | 月　　日 |

「きよ君のこと」をまとめてみましょう！

1　チームの人は，きよ君のことをどう思っているの？

2　兄がきよ君に手かげんしなかったのは，なぜ？

3　先生がお互いの理解が
　　必要だと思ったのは，なぜ？

4　先生は，同級生にどんなことを期待しているの？

きよ君のこと

(鈴木先生の卓球クラブの話から)

　みなさんが4年生になってクラブ活動も半年たちましたが、5年生や6年生といっしょに活動した感想はどうですか。今日は、先生が担当している卓球クラブであったできごとを話したいと思います。

　卓球クラブには、みんなと同級生のきよ君がいます。きよ君には、「自閉症スペクトラム」という障害があります。

　この前の総合的な学習の時間で勉強したように、障害はまわりの人の理解や工夫が大切ですよね。障害があっても強く生きている人がたくさんいること、そして、そのまわりの人の深い愛情があることを学んだと思います。きよ君の自閉症スペクトラムという障害には「こだわりの強さやコミュニケーションの苦手さ」という特ちょうがあります。

　きよ君には6年生のお兄さんがいて、同じ卓球クラブに入っているのだけど、いつもはやさしいそのお兄さんが、クラブの時にきよ君をきびしくしかったことがありました。

　どうしてお兄さんがおこったのか、先生も理由がわからなかったので、同じチームの人に聞いてみました。すると、きよ君が、係の仕事をしなかったそうなのです。卓球クラブは、ゲーム・しんぱん・球ひろいを順番にすることになっているのに、きよ君はゲームで負けたことがいやで、おこって何もしなかったようです。きよ君のチームは、6年生が3人、5年生が1人、4年生がきよ君の5人です。

　同じチームの人は、きよ君が4年生だし、障害があるので、いつもきよ君の打ちやすい球を返したり、わざと負けたりしていたそうです。それは、きよ君が、一番や勝つことに強くこだわることを知っていたから、まわりの人が気をつかっていたのね。それで、きよ君はいつも勝ったことをよろこんでいたそうです。

　でも、その日のお兄さんは、いつもとちがって手かげんをしないで、きよ君に勝ったそうなのです。それで、きよ君はお兄さんに負けたから、すねておこってしまったのでした。

　その後も、きよ君が係の球ひろいをしなかったので、6年生が代わりにしてくれているのを見たお兄さんが、とてもきびしくきよ君をしかったということでした。

チームのみんなは，いつもやさしいお兄さんが，きよ君におこったのでおどろいていましたが，先生はきよ君のお兄さんの気持ちが少しわかったような気がしました。それは，きよ君のことが大切で心配だったからではないかしら……。

　じつは，4月にクラブの発表をした時に，兄弟で同じクラブになったので，きよ君のお兄さんはいやがるのではないかとちょっと心配をしたのです。ところが，チームをつくる話し合いになると，お兄さんが先生のところに来て，弟と同じチームにしてほしいと言ったのです。

　お兄さんは，きよ君が心配で自分と同じチームにしたかったのでしょうね。

　でも，6年生は半年後には卒業します。だから，きよ君のお兄さんは卒業した後のことが，だんだん心配になったのかもしれません。今は，一番下の4年生だけど，来年は5年生になって4年生がクラブに入ってきた時に，きよ君は今と同じようにクラブ活動ができるかどうか考えたのではないでしょうか。障害のある弟がみんなからじゃまにされたり，バカにされたりしないか，かばっていた自分がいなくなった時のことを考えたのでしょうね……。

　先生は，クラブが終わっても体育館のすみに1人でいるきよ君のところに行って，チームをつくる時にお兄さんが，

　「ぼくは，弟のことを誰よりもよくわかっているから，弟がみんなに誤解され，つらい思いをしないように守りたいので同じチームにして下さい。」と言ったことを話しました。

　そして，きよ君にお兄さんの本当の気持ちが伝わったらいいなぁと思っていたのですが，クラブの後，校門を2人がならんで下校しているのを見つけて，やっぱり兄弟なんだなぁと，あたたかい気持ちになりました。

　でも，先生には心配があります。それは，きよ君の自閉症スペクトラム障害は，まわりの人にわかってもらいにくい障害だからです。一見わがままに見えたり，年れいより幼く感じたりすることが多いのでやっぱり誤解されやすいと思うのです。とくに高学年になると，何でもできて当たり前になるから，まわりの見方もきびしくなってしまいます。

　私たちは，きよ君の障害や気持ちを考えて，これから先どうしていけばいいのでしょうか。私たちみんなでいっしょに考えていきましょうね。

題材名「弟のこと」

【概要】

内容項目 小学校 5・6年	A　主として自分自身に関すること 　より高い目標を立て，希望と勇気をもち，困難があってもくじけずに努力して物事をやり抜くこと。 〈希望と勇気，努力と強い意志〉
ねらい	姉が，事故で片腕を欠損した弟の成長を通して，祖父の愛情や弟と友人たちの交流から障害を克服することの意味を考える話から学ぶ。
障　害	［肢体不自由（片腕欠損）］　四肢の欠損及び麻痺等により，日常生活上の困難を有する場合の障害名。脳性麻痺のような先天的なものと，事故や疾病の後遺症による後天的なものがある。

【展開】

活　動	留意点
1　祖父がはじめ柔道を教えなかった理由を考える。	○障害のある孫に対する祖父の心情を考えさせたい。
2　入学後，同級生から特別視され学校を休みがちになった弟の気持ちを考える。	○弟が自分の障害について，友人との違いから気づいたことは何か考えさせたい。
3　祖父が，柔道をとおして弟に教えたかったことは，何なのかを考え話し合う。	○自らの将来を切り開く勇気を育てようとした祖父の厳しくも深い愛情に気づかせたい。
4　弟が柔道の友人たちと一緒に練習する中で身につけたことについて考え話し合う。	○弟が障害の有無に左右されずに，自らの可能性を切り開いた強さを理解させたい。

【評価】

①弟の成長を見守る家族の愛情と強さに気づくことができたか。

②困難な障害があっても，努力し共に考え行動していくことで，様々な可能性を見つけられることがわかったか。

③弟の成長に共感し，自分の思いや考えを発表できたか。

名前	月　　日

「弟のこと」をまとめてみましょう！

1　家族は，弟のことをどう思っているの？

2　弟が学校を休みだしたのは，なぜ？

3　祖父が，練習で弟に
　　きびしくしたのは，なぜ？

4　弟は，柔道から何を身につけたの？

弟のこと

(中学生の家族紹介の作文から)

　小学校６年生の弟が，柔道大会で優勝しました。弟が柔道を始めたのは，私が祖父から柔道を習っていたからです。祖父は，道場でたくさんの子どもたちに柔道を教えていましたが，弟が小学校に入って柔道をしたいと言った時は，賛成しませんでした。

　祖父が反対した一番の理由は，弟のからだに障害があったからです。弟の障害は，４歳の時に父の工場で遊んでいて，誤って工作機械で左うでを切断した事故が原因です。そのため家族は，弟の退院後は二度とけがをさせまいと見守っていたこともあり，祖父は柔道でけがをすることを心配して反対したのだと思います。

　小学校入学後しばらくして，弟は学校に行きたくないと言いだしたことがあります。保育園と違って，小学校は新しい友だちもふえ，弟が片うでということがめずらしい子どもたちから「どうして手がないの。」とたずねられることが多かったようです。

◇

　弟は，それまで感じていなかった自分と人が違うということを経験したのでしょう。明るかった弟が，だんだん元気をなくして学校を休んでいるのを見た祖父が，それまで反対していた柔道を教えるようになったのです。

　弟は，喜んで道場へ通い始めましたが，柔道着の帯を片手では結ぶことができず，泣きながら私に手伝ってほしいと言いに来ました。

　その様子を見ていた祖父は，弟に「自分でやりなさい。」と，きつく突きはなすとともに，私にも手伝わないようにと言いました。柔道着は，かたい帯をしめなければなりません。でも，誰も手伝ってくれない弟は，やがて右手と口を使って帯をしめるようになりました。しかし，練習になるとさらに大変なことがありました。柔道は，たたみに投げられた時に，怪我をしないように受け身をとります。でも，弟は，片うでなので上手に受け身がとれません。何度も頭を打って泣いたり，くやしくて怒ったりしましたが，祖父はだまって見ているだけです。

◇

　でも，しばらくすると弟と一緒に練習している友だちが声をかけてくれるようになったのです。
　「痛かっただろう。」「大丈夫かい。」と，弟を励ましてくれているのです。
　柔道は，投げられると痛いので，自分が投げた時は，投げられた人の痛みもわかってくるのでしょうか。友だちは，何度も投げられる弟の痛みをわかってくれたのです。
　弟は，痛みをわかり合える友だちと一緒に柔道を続けました。
　そして，ある時は，こんなことがありました。柔道のきまりには，つり手と引き手というのがあって，両手を使っていろいろな技をかけます。でも，右うでしかない弟は，左うでの引き手が使えないのでなかなか技をかけることができません。
　それを見て，一緒に練習していた友だちが，
　「立ち技ができなくても，寝技で勝てばいいんだよ。」と，弟に言ったのです。
　柔道は，立って技をかけるだけでなく，寝て相手を抑える技もあります。だから，友だちのこの提案は，弟の苦手さを克服するためのとても大切な一言になったのです。

◇

　人は誰でも得意なことと苦手なこと，できることとできないことがあるのではないでしょうか。弟は，事故で片うでを失っていますが，柔道の試合で勝った時などは，障害があるようには見えません。弟は，柔道をとおして，強い気持ちをもつことと，困難があっても乗りこえるための努力を覚えたように思います。
　やがて柔道で鍛えた弟の右うでは，小学生とは思えないほど太く，たくましくなりました。それを見た友だちは，「黄金の右うで」と言うようになりました。弟は，小学校最後の大会に仲間たちと出場して見事優勝しました。
　黄金の右うでと素晴らしい仲間の応援の中で……。

題材名「姉のこと」

【概要】

内容項目 中学校	D　主として生命や自然，崇高なものとの関わりに関すること 　人間には自らの弱さや醜さを克服する強さや気高く生きようとする心があることを理解し，人間として生きることに喜びを見いだすこと。〈よりよく生きる喜び〉
ねらい	主人公が，母親の姉に対する深い愛情を知り，障害を理解するとはどういうことなのかを考え，自らも強く生きようとする姿から学ぶ。
障　害	［ターナー症］　染色体異常症。女性の2000人から3000人に1人の割合。主な特徴は，低身長や性発達の遅れなど。特徴のいくつかが共通していても，個々の症状や予後は様々。

【展開】

活　動	留意点
1　母親が，姉の送迎をしなかった理由を考える。	○母親が姉を見守る本当の願いは何か考えさせたい。
2　母親が水泳大会の参加に消極的だったのはどうしてか話し合う。	○母親の葛藤する気持ちを丁寧に考えさせたい。
3　校長先生がとった行動が，周りに与えた影響と，主人公がその後どうなったのかを考え話し合う。	○生徒たちの変化が意味することは何なのか気づかせたい。 ○校長先生の行動から，主人公は何を得たのか考えさせたい。
4　主人公が後輩に伝えたいことは何か考える。	○障害があることを特別視するのでなく，ともに生きる素晴らしさを伝えたい。

【評価】

①障害がある姉を見守る母親の真の愛情に気づくことができたか。
②校長先生の行動から，周りのとるべき支援と共生社会をつくっていこうとする意欲がもてたか。
③主人公の思いに共感し，自分の思いや考えを発表できたか。

| 名前 | | 月　　　日 |

「姉のこと」をまとめてみましょう！

1　母親が姉の送迎をしなかったのは，なぜ？

2　姉が水泳大会に出ると言った時の，母親の気持は？

3　校長先生の行動を見た生徒の気持ちは？

4　主人公は，後輩に何を伝えたかったの？

姉のこと　(後輩の皆さんへ。)

　今，私は大学で先生になるために障害の勉強をしています。その理由は，私には２歳上に障害のある姉がいるからです。姉の障害名は「ターナー症」と言います。ターナー症は，生まれた時からの障害で，平均身長が低く身体も小さいので運動は得意ではありません。でも，姉はとても頑張り屋で，どんなことがあっても逃げずに立ち向かっています。

　私が，中学校に入学した時のことです。私の家は中学校から遠いので，近所の生徒はみんな自転車で通学していました。私も自転車で20分かけて通学していました。でも，姉は１時間かけ歩いて通学していました。その理由は，姉が低身長で運動も苦手なので，自転車に乗れなかったからです。ある日の夕方，私が友だちと自転車で帰っていると，姉が独り大きな鞄を背負って歩いていました。その姿を見た友だちが，私に言いました。「ねえ，お姉さんはどうして自転車に乗らないの。自転車のほうが楽なのに。」私が自転車に乗れないことを話すと，友だちは，不思議そうに，「だったら，お母さんが小学校の時みたいに自動車で送り迎えしてあげたらいいのに。」と言いました。たしかに姉が小学校の時は，母が送迎をしていたのです。友だちに言われてみて，私もその方がいいと思って帰宅後母に尋ねました。「お母さん，今日帰る時にお姉ちゃんと会ったんだけど，どうしてお母さんは，小学校の時みたいにお姉ちゃんを送り迎えしてあげないの。」すると，母はすこし考えてから私にこう話したのです。

　「お姉ちゃんは，障害があるから自転車に乗れないのは知っているよね。近所で一時間もかけて通学しているのは，お姉ちゃんだけだから，かわいそうよね。お母さんも，前に他のお母さんたちから自動車で送ってあげればと何度も言われたの。身体の小さなお姉ちゃんが大きな鞄をしょって歩いている姿を見て，お母さんも何度かそうしようかなと思ったりもしたわ。でもね。

お母さんは，こう思ったのよ。」母は，一息飲み込んで，つづけました。「お姉ちゃんは，障害があって自転車には乗れないけど，歩けるんだと。たしかに，自転車に乗れたらどんなにいいことでしょう。……でもね。お母さんは，お姉ちゃんができることを大切にしてあげたいと思ったの。たとえ遠くても，遅くても自分の足で歩けるということが，どんなに素晴らしいことなのかを。」その時の母は，いつものやさしい笑顔と違って，ちょっと泣きそうな笑顔だったことを今も覚えています。姉は，卒業までの三年間，雨の日も風が強い日もずっと独りで歩き続けました。私は下校が一緒になった時，自転車を押しながら姉と帰った日のことを，昨日のことのように覚えています。

私には，もうひとつの思い出があります。それは，全校水泳大会のことです。私の中学校は，９月に全校の生徒が参加する水泳大会が行われていました。姉は，１年生，２年生の時は体調が悪くて欠席していたので初めての参加でした。姉は，暑さに弱いので夏場はよく体調をくずしていました。そんな姉を心配して，母も参加しなくていいと言っていました。でも，今考えると母は体調だけでなく，姉が上手に泳げないことや水着姿を心配したのだろうと思います。姉は，手足が短くて水泳は得意ではありません。母は，当日の朝も姉に「無理に水泳大会に出なくてもいいのよ。」と言いましたが，姉は，「大丈夫。」と言いました。

　水泳大会が順調に進み，いよいよ姉の番になった時，私はプールサイド奥の木陰から姉のようすを見ている母がいることに気づきました。母は，姉がスタート台に立っている姿をじっと見つめていました。スタート台に立っている姉は，同級生の肩よりも小さくて，思春期の成長した同級生の女子と比べるとまるで小学生のようでした。ピストルの音と同時に，姉はゴールに向かって懸命に泳ぎ始めました。ひとかき，ひとかき，ゆっくりと。姉が泳ぐたびに水しぶきが飛び上がり，一呼吸するたびに身体が水面で反り返りました。その様子は，泳ぐというよりも水面をたたいて遊んでいるようにも見えました。一緒にスタートした同級生がゴールしても，姉の身体はまだプールの中央にありました。そして，時間の経過とともに，プールサイドの生徒たちから，クスクスと笑い声がもれ始めました。姉の姿が，たぶんこっけいに見えていたのでしょう。「ははは，全然，進まないぞ。」「へんな，泳ぎかただなぁ。」と。

　でも，この笑い声とささやき声は，突然に「ザブーン！」と，プールの中に飛び込んだ人の水しぶきと，その人のとっても大きな「頑張れ！！」の声でかき消されてしまいました。プールに飛び込んで，姉の横で一緒に泳ぎだした人は，服を着たままの校長先生でした。校長先生は，姉に手をかすの

ではないけれど，姉が水面に顔を出すたびに，「頑張れ，頑張れ」と何度も何度も叫んでいました。ほんの一瞬の出来事に，プールサイドの音がなくなり，ゆっくりとした静かな流れのなかで，やがて二人を見守っていた生徒たちからも「頑張れ！」の声があがり始めました。二人の姿を見て涙を流している生徒もいました。私も木の陰で泣いている母の姿を涙でかすんだ目をこすりながら見ていました。そして，姉と校長先生がゴールした時には，全校生徒の拍手が鳴りやみませんでした。私は，あの時の感動を一生忘れられません。

　今も，姉は頑張っています。そして，私は母や姉のように困難に立ち向かえる強さと，校長先生のような本当のやさしさをもった先生になりたいと思っています。

通常の学級「6.5%」の支援

　文部科学省の「通常の学級に在籍する発達障害の可能性のある特別な支援を必要とする児童生徒」の調査結果（平成24年）では，通常の学級で知的発達に遅れはないものの，<u>学習又は行動面で著しい困難を示すとされた児童生徒の推定値は「6.5%」</u>でした。調査結果によると通常の学級には，発達障害の可能性がある子どもたちが数名在籍していることになりますが，<u>著しい困難を示している児童生徒（6.5%）のうち，「4割がいずれの支援もなされていない」</u>状況でした。

児童生徒の困難の状況	推定値
学習面又は行動面で著しい困難を示す	6.5%
学習面で著しい困難を示す	4.5%
行動面で著しい困難を示す	3.6%
学習面と行動面ともに著しい困難を示す	1.6%

①通常の学級での支援内容と支援方法について

　通常の学級での支援には，次の4つがあります。

- ・通常の学級で学級担任による支援
- ・通常の学級で加配教員や支援員による支援
- ・特別支援学級との連携による支援
- ・通級による指導教室での支援

　支援内容は，「教室や授業内での個別の配慮，休み時間や放課後の個別指導，個別課題の工夫，座席位置の配慮，コミュニケーション上の配慮，TT等による教科学習での配慮，習熟度別学習での配慮，障害の改善・克服や教科補充の個別指導」などがあります。
　また，支援の方法については学級担任による個別支援が中心になりますが，

TT教員や支援員によるグループ指導，特別支援学級や通級による指導教室担当者の個別指導があります。しかし，今後は困難を示している子どもを取り出して個別のアプローチをするだけでなく，**それらの子どもも含めた学級全体に対する指導をどのように行うのかを考えていく必要があります**。

② ADHD・ASDの子どもの支援について

　LD等学習面の支援は，学級担任の努力や工夫と指導方法や教材・教具の開発により成果につながっています。しかし，行動面については，学校内外で生じる様々な問題が複雑に絡み合っており，調査結果で「いずれの支援もなされていない4割の子ども」の多くが，実はこの行動面の支援の難しさに関係しているのではないかと思われます。近年，小学校では学校生活に適応できず，授業中の離席徘徊や友人とトラブルを起こす子どもが増加しています。

　ADHD等行動面の支援は，学級全体へのアプローチが必要であり，学級の子どもや保護者にADHDやASDを正しく理解してもらうことが大切です。障害の理解では，ADHDやASDの注意力や認知面の問題は脳の働きに起因しており，本人自身が様々な困難に直面していることを伝えなければなりません。また，それらの子どもは「迷惑でわがままで困った子」と排除されやすく，いつも周りから行動を強く規制されたり，叱責されたりすることで自己肯定感が低下し，「ぼくは嫌われている」「何をやっても叱られる」「みんな，ぼくのことをわかってくれない」といった無力感に陥っていることに着目しなければなりません。そして周りの理解を得るためには，まず学級担任が障害特性を正しく理解し，適切な配慮の下での指導を行うことです。

　文部科学省では，発達障害の指導内容として不注意な間違いを減らすこと，注意を集中させること，指示に従って活動をやり遂げること，日常生活の技能を身につけさせることなどを示していますが，そのために必要な合理的配慮として「困ったときに相談できる人や場所の確保」に努めることを明記しています。

身体に障害のある子の理解と支援

◇**肢体不自由の現状**　文部科学省（平成26年調査）によると，小・中学校の肢体不自由学級に在籍している子どもは4364人で，特別支援学級全体に占める割合の2.3％です。しかし，肢体不自由特別支援学校に在籍している子どもは31814人で，<u>障害の重度重複化した子どもの増加にともない，特別支援学校での専門的な教育が必要</u>となっていることがわかります。

◇**聴覚障害の現状**　文部科学省によると，小・中学校の難聴学級に在籍している子どもは1439人で，特別支援学級全体に占める割合の0.8％ですが，<u>通常の学級に在籍して，通級による指導（難聴）を受けている子どもは，2181人おり，通常の学級で学ぶ子どもが増加しています。</u>

聾学校に在籍する子どもは，8593人です。

①肢体不自由がある子どもについて

　肢体不自由は，身体の器官が病気やけがで損なわれ，日常生活での困難がある状態です。その障害の程度は一人一人違いますから，就学の場や支援方法の検討では教育と医学の連携が必要になります。また，知的障害のない子どもについては，成長とともに自分の障害と向き合うことが増え，日々の生活や将来の不安から心理的な課題も大きくなります。そこで，学校生活の安定には周りの家族や子どもたちの理解と協力が欠かせなくなります。

②聴覚に障害がある子どもについて

　聴覚障害は，周りの音や言葉が聞こえない又は聞こえにくい状態です。聞

こえの障害があると，話し言葉の獲得にも大きく影響しますから，幼少期からの多様なコミュニケーション手段の活用が必要になってきます。聴覚の発達は，乳児期からすでに始まっているため聴覚に障害がある場合には，医療や専門機関との連携の下，早期からの療育を開始しなければなりません。聞こえや言葉の発達が不十分だと，学習の困難や人間関係にも支障をきたすことになり，二次的な障害になることもあります。

③染色体に異常がある子どもについて

染色体異常のうち，ターナー症候群は女子にのみ発生し，著しい低身長や首周りの筋肉の厚さ，第二次性徴の欠如といった身体的な特徴が見られます。一般的に知的障害はないことから，学校生活では通常の学級で学ぶ子どもが多く，思春期になると自分と周りを比べて身体面での悩みを抱えます。

④身体面に障害がある子どもの理解と支援について

身体に障害のある子どもの場合，幼少期から自分の障害に気づいている場合があり，周りがその理解の程度を次の観点で把握しておく必要があります。

・自分の障害に気づき，障害を受け止めているか
・自分の障害を正しく理解し克服しようとしているか
・自分の障害について悩みをもっているか
・自分の行動や努力について自己評価できているか
・自分のできないことについて援助を依頼できるか

このように自分の障害を自覚している子どもにとっては，障害を補う工夫や努力の素晴らしさを集団の中で経験させることが大切になります。そのことが，将来の自立への意欲や自信となり，対人関係の姿勢や学習に対する積極的な取組に結びついていきます。

●あとがき●

　平成28年5月に「改正発達障害者支援法」が成立しました。10年ぶりに改正された主旨のうち学校教育に関する要点は、〈①発達障害のある子どもが他の子どもと一緒に教育を受けられるよう配慮すること〉、〈②学校が主体的に個別の計画を作成し障害特性の理解を促すこと〉、〈③いじめ防止策や福祉機関との連携を進めること〉が示されました。そして、これらの支援を阻害する社会的障壁を取り除くためには、学校教育においても合理的配慮が定着し、特別支援教育が全校体制で推進されることが必要になります。

　しかし、いくら有意義な法改正や教育施策の変更が行われても、日々の教育活動で、その理念を理解し具現化する責任があるのは教職員一人一人です。そのため、本書の構成では現在の学校現場が抱えている様々な課題や教職員の悩みに近づくための内容を設定し、望ましい支援策に結びつく提案となるように心がけました。

　本書で提案した項目は、筆者が小・中学校の通常の学級、通級指導教室、特別支援学級と、教育行政で発達支援事業に携わった経験の中から得たものになります。筆者が出会った子どもたちや保護者との交流から感動したり、学校現場で考えさせられたりした身近な例を用いて、特別支援教育の基本や支援に必要な熱意や当事者の願いを伝えることはできないだろうかとの思いから作成しました。そして試行錯誤の末、マンガやイラストをツールとすることで障害やASDの特性が生活と連続した内容として理解でき、支援方法も親しみや温かみが感じられるものになるのではないかと考えました。ただ残念ながら、筆者の力量不足により内容に稚拙な表現やエビデンスの不足が多々ありますが、何とぞ筆者の思いを汲んでお許しいただければ幸いです。

　なお、本書の出版に当たり明治図書出版株式会社の佐藤智恵氏、松井菜津子氏の適切なご助言と細やかなご配慮を賜りましたことに感謝申し上げます。

著者　大西潤喜

【参考文献】

・文部科学省ホームページ資料
・「通級指導教室におけるLD児のコミュニケーション指導について―〈心〉の理解の側面を中心に―」
　大西潤喜　花熊　曉　愛媛大学教育学部障害児教育研究室研究紀要第23号
・「小学校1～3年生の〈心の理解課題〉の達成度について―真偽の判断と説明の質の分析を中心に―」
　花熊　曉　吉松靖文　大西潤喜　岡本香澄　愛媛大学教育学部障害児教育研究室研究紀要第25号
・「高機能PDDと診断された児童のコンサルテーションと指導について―通級指導と通常の学級での支援―」
　大西潤喜　花熊　曉　愛媛大学教育学部障害児教育研究室研究紀要第26号

【著者紹介】

大西　潤喜（おおにし　じゅんき）

愛媛県公立学校教員（小・中学校勤務）
愛媛大学教育学部非常勤講師（聴覚言語障害児教育）
愛媛県教育委員会　指導主事（四国中央市教育委員会派遣）
四国中央市　発達支援室長
四国中央市　発達支援センター所長を経て
現在，医療法人理事　SSTofASD研究会代表

分担執筆　『Q＆Aと事例で読む親と教師のためのLD相談室』
（中央法規出版）山口薫　編著

特別支援教育サポートBOOKS
マンガでがってん！
はじめての特別支援教育ガイド

2016年7月初版第1刷刊　Ⓒ著　者　大　西　潤　喜
　　　　　　　　　　　　発行者　藤　原　光　政
　　　　　　　　　　　　発行所　明治図書出版株式会社
　　　　　　　　　　　　　　　　http://www.meijitosho.co.jp
　　　　　　　　　　　（企画）佐藤智恵（校正）松井菜津子
　　　　　　　　　　　〒114-0023　東京都北区滝野川7-46-1
　　　　　　　　　　　　振替00160-5-151318　電話03(5907)6703
　　　　　　　　　　　　　　ご注文窓口　電話03(5907)6668
＊検印省略　　　　　　　　組版所　共　同　印　刷　株　式　会　社

本書の無断コピーは，著作権・出版権にふれます。ご注意ください。
教材部分は，学校の授業過程での使用に限り，複製することができます。

Printed in Japan　　　　　　ISBN978-4-18-249918-0
もれなくクーポンがもらえる！読者アンケートはこちらから →